创新设计思维
创新落地实践教程
INNOVATIVE DESIGN THINKING

胡建波 孟 博 杜晓春 著

清华大学出版社
北京

内容简介

创新设计思维是一套既有经典理论可循，又经过前沿市场（商业）验证的将创意落地的工具和方法论。本教材让学习者在发现、探索、设计、实施的创新设计思维流程中寻找创新解决方案，通过深度学、互动学、参与学，掌握赢得未来的思维方法与能力，并将它内化成自己的能力，变成一种"DNA"扎根在思维模式中，升级创造力。教材融入丰富有趣的互动游戏和案例，帮助学习者打开感官，同时通过形式多样的工作坊介绍以及真实的项目，激发学习者的创新动机。

本教材不仅可以作为普通高等学校创新思维培养通识或基础课程教材，也可用于企事业单位和政府部门的创新能力培训，同时也适用于不同职业、不同年龄、不同学历的各界人士阅读，是开发创新思维、掌握创新方法、提高创新能力、培养具有创新思维人才的系统实践教材。

本书封面贴有清华大学出版社防伪标签，无标签者不得销售。

版权所有，侵权必究。举报：010-62782989，beiqinquan@tup.tsinghua.edu.cn。

图书在版编目(CIP)数据

创新设计思维：创新落地实践教程 / 胡建波，孟博，杜晓春著. —北京：清华大学出版社，2022.8（2025.1重印）
ISBN 978-7-302-61487-6

Ⅰ.①创… Ⅱ.①胡… ②孟… ③杜… Ⅲ.①创造性思维－研究 Ⅳ.① B804.4

中国版本图书馆 CIP 数据核字 (2022) 第 137126 号

责任编辑：陈　莉
封面设计：周晓亮
版式设计：方加青
责任校对：马遥遥
责任印制：曹婉颖

出版发行：清华大学出版社
网　　址：https://www.tup.com.cn，https://www.wqxuetang.com
地　　址：北京清华大学学研大厦A座　　邮　编：100084
社 总 机：010-83470000　　邮　购：010-62786544
投稿与读者服务：010-62776969，c-service@tup.tsinghua.edu.cn
质 量 反 馈：010-62772015，zhiliang@tup.tsinghua.edu.cn

印 装 者：三河市东方印刷有限公司
经　　销：全国新华书店
开　　本：170mm×240mm　　印　张：12.25　　字　数：214千字
版　　次：2022年9月第1版　　印　次：2025年1月第3次印刷
定　　价：58.00元

产品编号：090481-02

编委会

主　编　胡建波
副主编　孟　博　杜晓春
编　委　鲁百年　张秀芳　刘丽丽　胡红飞　李笃峰

소설ⅡI

作者简介

胡建波,教授,厦门大学博士,中欧国际工商学院工商管理硕士(EMBA);现任西安欧亚学院董事长,陕西省政协第十二届常委,第三届陕西省决策咨询委员会委员,中国民办教育协会副会长,陕西省民办教育协会副会长,陕西省高等教育学会副会长,陕西省教育学会副会长,陕西中华职教社副主任,陕西创业促进会副会长,21世纪教育研究院副理事长等。

胡教授长期致力于高等教育管理的研究和实践,主要研究方向为民办高等教育管理、教育机构战略管理、非营利组织战略营销等;在《中国高等教育》《高等工程教育研究》《中国教育改革》等刊物发表论文20余篇;先后荣获陕西五四青年奖章、陕西民办教育家奖、2016年学生喜爱的大学校长、2017年度教育信息化优秀个人等荣誉。

孟博,博士研究生,IPTA国际职业培训师,国家二级创业咨询师,创新设计思维(中国)研究院特聘顾问,"iCAN—X泛大学"创新创业讲师,国家级众创空间创新创业导师;长期从事"创新设计思维""创新创业基础""ICT职业素养"课程的教学、培训及研究工作;承担国家教育部校企合作协同育人课程改革项目2项,参与国家自然科学基金项目1项,发表创新教育相关学术论文10余篇,通过"创新设计思维""创新创业基础"等课程转化专利、软件著作权15项;曾获iCAN国际创新创业大赛"iCAN教育之星"荣誉、全国应用型课程改革实践征文大赛三等奖、全国高校混合式教学设计创新大赛优秀作品奖。

杜晓春,副教授,博士研究生,高校创新设计思维引导师,国家二级创业咨询师,IPTA国际职业培训师,H3C认证网络工程师,国家二级心理咨询师;曾获陕西省高校青年教师教学竞赛三等奖、全国应用型课程建设大课堂说课比赛三等奖、全国应用型课程改革实践征文大赛三等奖、西浦全国大学教学创新大赛年度教学创新奖、陕西高校课堂教学创新大赛三等奖;主持、参与省市级科研项目7项,公开发表论文十余篇,参编并出版教材6部。

鲁百年，教授，应用数学博士；创新设计思维（中国）研究院（IDT）总顾问，设计思维创新协会（IDTA）高级顾问，北京大学"创新工程实践"特聘教授，中国传媒大学设计思维创新中心特聘专家，国际大学生iCAN创新创业大赛导师，"你就是奇迹"创新大赛导师；曾任SAP大中国区创新工场首席客户创新专家；出版《创新设计思维》等专著7本；为华为、联想、中央电视台、中慈联等企业、公益组织、大学做"创新设计思维"工作坊800余场。

张秀芳，副教授，国家二级创业咨询师，IPTA国际职业培训师，国家级众创空间"粤嵌众创空间"创新创业导师；多次获学校优秀教师、产学先进个人等称号；主持或参与省市级科研课题十余项，参与编写并公开出版教材一部。

刘丽丽，工程师，国家二级创业咨询师，IPTA国际职业培训师；长期从事高校教育教学管理、创新创业项目孵化工作，主持多项校企融合协同育人项目的申报与建设，在项目管理、创新教育、创业孵化等方面有多年的实战经验。

胡红飞，工程师，曾任职海航科技技术研究院、英特尔移动通信技术有限公司、大唐微电子技术有限公司等企业，长期从事物联网边缘计算、容器技术与应用、嵌入式软件开发等工作。

李笃峰，全国对分课堂教育创新联盟理事会理事，多元教学有效性评估（MATE）委员会同行评议认证专家，西安欧亚学院教师发展中心培训师、教学咨询师；中国大学慕课"玩转以学生为中心的教学"课程团队核心成员。

前　言

我们一直在发现、探索、设计适用于高校课堂的创新设计思维流程和工具，为更多的教师赋能创造力提供一套完整的课程体系和方法论；为更多的学生接通创新设计思维之源，激发他们创新的力量，引导和培养学生从会读书的人到具备创新思维的会创造的人。

创新设计思维为我们带来机遇，这是一套系统和完整的方法论，激励我们跨越思想的边界，实现真正的思维改变和创新。创新设计思维强调为什么要解决这样的问题以及解决问题后的愿景，突出直觉感受。首先定义美好的未来，再反向寻找实现美好未来所需要的能力和资源。它以目标和愿景为导向，专注于挑战，利用同理心，从最终客户的期望出发，创造客户新的需求点，围绕着创新概念设计未来业务模式，利用创新实践和独特的观点超越客户的期望。在创新设计思维里，想到就做，快速行动，用手来思维。

在《创新设计思维——创新落地实践教程》一书中，我们以鲁百年博士的《创新设计思维（第2版）》为指导，同时参考和吸收了国内外创新教材的最新研究成果，凝聚了编写团队在各自不同的专业领域以及教学实践中的内容精华，从创新设计思维工具和方法论入手，引入大量知识、案例、故事以及互动游戏，激发学习者的创新动机。本教材共分为6章，其中第1章为捕捉创新设计灵感，第2章到第5章为创新设计思维工具的介绍，第6章为创新设计思维应用案例。

本教材打破学科界限，紧密结合专创融合以及当前社会实际，既注重基础理论的阐述，又注重一般知识的介绍，通过大量真实案例将理论融于实践，寓教于学，寓学于用。我们期望用通俗、简洁的语言，丰富、经典的案例和课后的思考与实践练习，带给学习者不一样的体验，也希望在未来让创新设计思维变成一种DNA扎根在学习者的思维模式中，从而对日后的学习、工作，甚至是生活产生积极的影响。

本教材从设计到编写是由长年从事创新设计思维教育研究的企业专家、教育实战专家以及具有丰富创新设计思维教学经验的教师共同倾力完成。本教材编写具体分工为：第1章由胡建波、鲁百年、孟博编写；第2章由孟博、杜晓春、刘丽丽编写；第3章由孟博、杜晓春、张秀芳编写；第4章由张秀芳、胡红飞编写；第5章由孟博、胡红飞编写；第6章由胡建波、李笃峰编写。

在编写过程中，我们参考了大量国际、国内知名创新专家、学者、实践者的文献、研究资料和案例，除参考列举于书后参考文献部分中的内容外，还参考了其他书籍、报刊及网络资料，吸收了独特的见解和经典的案例，在此一并表示感谢！限于教材编写者的经验和时间，书中难免有疏漏之处，敬请各位专家、老师和同学不吝赐教。

本教材配套的在线开放课程"创新设计思维"在"智慧树"在线课程平台开课，其丰富的数字化教学资源是纸质教材内容的补充和扩展，可供教师和学生进行线上线下的混合式学习。本教材不仅可以作为普通高等学校创新思维培养通识或基础课程教材，也可用于企事业单位和政府部门进行创新能力培训，同时也适用于不同职业、不同年龄、不同学历的各界人士阅读，是开发创新思维、掌握创新方法、提高创新能力、培养具有创新思维人才的一本较为系统的实践教程。

胡建波
2022年5月1日

目 录

第1章 捕捉创新设计灵感 ... 1

1.1 创新的力量 ... 2
- 1.1.1 什么是创新 ... 2
- 1.1.2 创新的必要性与紧迫性 ... 8
- 1.1.3 怎样创新 ... 11

1.2 什么是设计思维 ... 15
- 1.2.1 左脑思维与右脑思维 ... 15
- 1.2.2 设计思维与传统思维的区别 ... 16
- 1.2.3 设计思维与商业思维的区别 ... 19

1.3 创新设计思维概述 ... 19
- 1.3.1 创新设计思维的定义 ... 20
- 1.3.2 创新设计思维的发展历史 ... 21
- 1.3.3 创新设计思维的要素 ... 23
- 1.3.4 创新设计思维的流程 ... 32
- 1.3.5 创新设计思维和设计思维的区别 ... 34

1.4 灵感的产生——创意种子 ... 35

第2章 启发及优化创新思维 ... 39

2.1 初步探索——搜集用户信息 ... 40
- 2.1.1 同理心 ... 40
- 2.1.2 客户体验 ... 44
- 2.1.3 商业模式画布 ... 48

2.2 深层次探索——探索依据 ... 52
- 2.2.1 用户观察 ... 52
- 2.2.2 现场访谈调研 ... 54
- 2.2.3 直观模拟 ... 55

2.3 解决问题的方法 ··· 58
  2.3.1 如何/为什么图 ··· 58
  2.3.2 深挖因果关系 ·· 60
  2.3.3 重构主题 ··· 62
2.4 创新项目管理 ··· 64
  2.4.1 项目管理概述 ·· 64
  2.4.2 SMART原则 ·· 67
  2.4.3 时间管理 ··· 68
  2.4.4 行动计划图表 ·· 71

第3章 深挖团队狂野想法 ··· 75

3.1 头脑风暴 ··· 76
  3.1.1 传统头脑风暴 ·· 76
  3.1.2 头脑风暴的九大规则 ······································ 77
  3.1.3 平行思维：6顶思考帽 ····································· 79
  3.1.4 创新头脑风暴 ·· 81
3.2 创新设计思维的通用方法 ·· 84
  3.2.1 独立启发共享 ·· 84
  3.2.2 互换排序法 ··· 85
  3.2.3 聚类法 ·· 86
  3.2.4 画正字排序法 ·· 87
  3.2.5 启发接龙法 ··· 89
3.3 以客户为中心的解决方案探索 ··································· 90
  3.3.1 客户旅程地图 ·· 90
  3.3.2 解决客户痛点问题 ··· 94
  3.3.3 价值主张画布 ·· 95
3.4 创新思维的可行性和导向性 ····································· 97
  3.4.1 创新想法的可行性分析 ···································· 97
  3.4.2 目标导向的重要性 ·· 101
  3.4.3 创新项目的流程 ··· 103
  3.4.4 未来/现状/瓶颈/想法 ····································· 104
3.5 创意再发展 ·· 107

3.5.1　如何不 …………………………………………………… 107
　　　3.5.2　狂野的想法 ………………………………………………… 109
　　　3.5.3　强制关联法 ………………………………………………… 110
　　　3.5.4　思维导图 …………………………………………………… 114

第4章　实现创意原型制作 …………………………………………… 117

4.1　原型的价值 ……………………………………………………… 118
　　　4.1.1　直观表达的重要性 ………………………………………… 118
　　　4.1.2　故事画板 …………………………………………………… 120
4.2　原型的类型 ……………………………………………………… 122
　　　4.2.1　纸质原型 …………………………………………………… 123
　　　4.2.2　草图描绘 …………………………………………………… 124
　　　4.2.3　物理原型 …………………………………………………… 124
　　　4.2.4　角色扮演 …………………………………………………… 125
　　　4.2.5　视频 ………………………………………………………… 125
　　　4.2.6　App应用 …………………………………………………… 126
4.3　原型工具 ………………………………………………………… 127
　　　4.3.1　小程序 ……………………………………………………… 127
　　　4.3.2　电子制作 …………………………………………………… 131
　　　4.3.3　3D打印 ……………………………………………………… 136

第5章　展现最终创意产品 …………………………………………… 145

5.1　交付作品的形式 ………………………………………………… 146
5.2　项目汇报 ………………………………………………………… 148
　　　5.2.1　沟通与表达 ………………………………………………… 148
　　　5.2.2　讲故事 ……………………………………………………… 153

第6章　创意案例分享 ………………………………………………… 159

6.1　基于创新设计思维的开放物理空间设计 ……………………… 160
　　　6.1.1　基于创新思维的教育质量 ………………………………… 160
　　　6.1.2　创新思维应用于高校教育空间设计 ……………………… 162
　　　6.1.3　创新思维应用于高校生活空间设计 ……………………… 166
　　　6.1.4　创新思维方法——设计思维及原则 ……………………… 170

6.2 创新设计思维在商业领域的应用……………………………………………171
　　6.2.1 创新设计思维让玉兰油品牌焕发青春 ……………………………171
　　6.2.2 腾讯将创新设计思维与人力资源管理有机融合 …………………173
　　6.2.3 创新设计思维让爱彼迎变身独角兽企业 …………………………174
　　6.2.4 善用创新设计思维的创业者里德·哈斯廷斯 ……………………175

参考文献……………………………………………………………………………179

Innovative

Design 第1章
捕捉创新
设计灵感

Thinking

1.1 创新的力量

1.1.1 什么是创新

【案例分析】

有这样一个问题：一瓶可乐2元钱，2个空可乐瓶可以换一瓶可乐，给每个人发6元钱，那么一个人最多能喝多少瓶可乐？

一般人的答案是5瓶，具体做法是：用6元钱买3瓶，喝完后有3个空可乐瓶；其中2个空瓶可以换一瓶，这样就喝了4瓶；而兑换来的那瓶可乐喝完后又是一个空瓶，加上之前3个空可乐瓶兑换两个后余下的一瓶，又可以换一瓶，所以共喝了5瓶。

那么请问还有没有人可以喝到6瓶，大部分人都认为最后剩下的一个空可乐瓶应该没用了。但如果我们向别人借一个空可乐瓶，手上的两个空可乐瓶就可以换一瓶，喝完了将空瓶还给借瓶的人，这样你就喝了6瓶。

有想法当然比没有想法好，可是这一想法也是有风险的，因为别人不一定把空瓶借给你。这时还有没有其他的想法？比如，我们可以先向老板赊一瓶，喝完了将2个空瓶还给老板；再比如团队合作，将大家的空可乐瓶合起来兑换可乐，也可以喝到6瓶。

那么还有没有办法喝到10瓶、100瓶、1000瓶、10 000瓶呢？这时我们可以换一种思路，先不去买可乐，而是去收购空可乐瓶，空可乐瓶大概是一角钱一个，6元钱可以买60个，可以换30瓶可乐。留下10瓶自己喝，20瓶卖掉，每瓶卖1.5元，20瓶可以卖30元，这样下去，钱越来越多，可乐也能越喝越多。

换一种思维模式可以创新，换一种思维模式就能海阔天空，换一种思维模式可以做到很多人认为不可能的事！生活中时刻记着自己的"空可乐瓶"和6元钱，聪明的企业管理，可以获得意想不到的效益；聪明的投资，可以获得更多的财富。

那么到底什么是创新？创新就是对于任何问题，都寻求一个和别人不一样的、可以实现的、能带来价值的解决方案。任何领域都可以创新，比如产品、服务、运营、流程、商业模式、科学技术、军事、大学教育、公益活动、文化艺术、工程设计等。

创新并不一定只是科学家的事，我们每一个人都可以创新，比如做一次和别人不一样的旅行，今天吃什么饭，如何让人们不用去上班还可以生活得很好，如何不去医院还可以看好病，如何不去超市还可以买到东西，等等，都可以找到创新的解决方案。

1.1.1.1 创新的三大要素

很多人理解的创新就是有和别人不一样的想法，其实那仅仅是一个创意，而不是创新。那么什么是创新，我们首先给大家介绍创新的三大要素。

1. 独特性

首先要有一个和别人不一样的想法。

比如在没有汽车的时代，当问到人们，你需要一辆什么样的车的时候，由于当时没有汽车的概念，几乎所有人的想法都是需要一辆跑得快的马车，这时有人突然说他想要一辆不用马拉，而且比马车跑得更快的车，这就是一个和别人不一样的想法，而这只是一个创意，它并不是创新。

2. 可行性

当有了和别人不一样的想法后，它能不能实现呢？如果实现不了，想法可能就只是梦想、是妄想、是狂想。

比如前面讲过的有人想要一辆不用马拉且比马车跑得更快的车，这一创意落地于1883年，奔驰将用在工厂、矿区的发动机装到了马车上，就此发明了最早的汽车，创造了世界上以前没有的东西。

可是这也不是创新，而是发明。由于成本较高，加之汽车由手工组装，生产速度太慢，没有办法在当时进行大规模的生产推广。

3. 价值性

其实戴姆勒早于奔驰发明了汽车，但是奔驰于1886年优先申请了专利，所以大家公认汽车的发明者是奔驰。直到1913年，福特产生了第一条汽车生产流水线，使得汽车可以大规模生产，成本大大降低，老百姓也可以买得起汽车，让汽车真正给社会带来了价值。这才是创新。

所以创新必须具备三大要素：独特的想法，可落地的实现，以及必须能带来价值，这三个要素合在一起才叫作创新，如图1-1所示。

衡量任何一个企业、一个项目、一个产品是不是创新，这三条是基本的衡量标准。

比如，特斯拉的老板埃隆•马斯克希望将人类移民到火星上去，这就是一个很好的和别人不一样的想法，就是一个独特的创意。很多人认为这是一个不可能实现的想法，认为火星上缺少氧气，温度极低，根本不具备可以让人类生存的环境，而且地球距离火星如此遥远，如何上去？很多人认为马斯克就是一个疯子。那么这个创意可否实现？马斯克就开始研发能登上火星而且可以回收的火箭飞船。现在火箭可以回收了，大大降低了成本，而且人们又有可以到达火星的飞行器，可以往返的火箭也即将问世，这就是创新的可行性。这一发明能否真正将人们送上火星，并且在火星上营造一个人们可以生存的环境，给人们真正带来价值，目前还是未知的，但至少现在可回收的火箭已经给人们带来了价值。

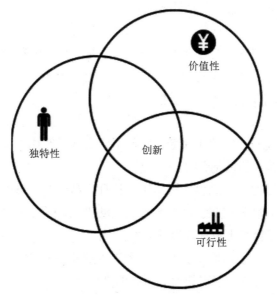

图1-1　创新的三大要素

　　创新是有风险的，成功了就是英雄，不成功可能就是骗子。衡量的标准就是，是否给社会带来了价值。比如马斯克的火星移民计划，如果成功了，大家会认为马斯克是一个有胆魄的发明家，划时代的科学家；如果失败了，大家则会怀疑马斯克是不是一个骗子，火星计划到底是不是一个骗局。但是无论马斯克最终成功与否，至少他制造了可以回收的火箭，这已经给人类做出了巨大的贡献。

1.1.1.2　创新的四大类型

　　创新的四大类型，包括变革创新、市场创新、产品创新、运营创新，如图1-2所示。

1. 变革创新

变革创新会对社会、国家产生巨大影响，一般是划时代的标志。比如蒸汽机的发明将手工作坊式生产推广为机械化的大规模生产，人类社会由此步入第一次工业革命所开创的"蒸汽时代"（1760—1840年），标志着农耕文明向工业文明的过渡，这是人类发展史上的一个伟大奇迹。

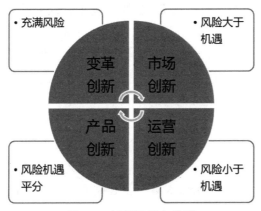

图1-2　创新的四大类型

第二次工业革命进入了"电气时代"（1840—1950年），使得电力、钢铁、铁路、化工、汽车等重工业兴起，石油成为新能源，并促使交通工具迅速发展，世界各国的交流更为频繁，并逐渐形成一个全球化的国际政治、经济体系。

第二次世界大战之后，计算机的发明开启了第三次工业革命，更开创了"信息时代"（1950年至今），全球信息和资源交流变得更为迅速便捷，大多数国家和地区都被卷入全球化进程，世界政治经济格局进一步确立，人类文明也达到空前的高度。第三次工业革命方兴未艾，还在全球扩散和传播。

第四次工业革命的标志是"信息物理系统"的出现，物联网将机器与机器、人与机器、计算机互联网与人之间相互连接，人人可以定制产品或服务，利用移动设备，不需要在现场作业或者办公，就可以远程控制智能工厂、智能设备、智能交通工具、智能生活用品等。但是，变革创新的同时也会带来很大的风险，因为变革创新往往是相对于社会而言的。

2. 市场创新

市场创新就是随着社会的发展，企业为了开辟新的市场、扩大市场份额而产生的创新模式。例如电子商务使得营销模式发生了巨大的变化，特别是线上线下的互动（O2O）给企业带来了巨大的销售机会，开辟了新的销售市场。市场创新包括营销创新、商业模式创新、客户服务创新、销售创新等方面。

销售过程中的"分期付款"和"供应链金融"模式，就是一种市场创新，它使得目前没有购买能力的人有了购买能力，使得看似没有市场前景的商品有了巨大的市场前景。再比如，当城市的汽车拥有量达到饱和的时候，将汽车面向农村市场销售，这样既可以获得国家的补贴，又可以保证稳定的现金流。在城市销售电动车，适应了限购政策下的市场需求。直销模式的出现，使得企业不需要通过经销商来销售产品，而是与消费者直接建立供需关系，这也是一种市场创新。现在的F2C（工厂直接销售给终端客户）使得成本大大降低，终端客户的信息完全掌握在生产厂商的手里。市场创新的风险要比变革创新低得多，市场创新一般是针对企业而言的。

【案例分析】

水牛群迁徙的壮观场面，会让每一个看过的人终生难忘。但水牛迁徙没有特定的规律，谁也不知道在什么时候、什么地点会出现水牛群。

有一天，报纸上发布了一则广告，一位青年以1美元一张的价格销售印有水牛群迁徙情报的预告单，上面有何日、何时水牛群会经过什么地方的信息。他还在广告上承诺，如果自己预测错误，就会赔偿2美元给买预告单的人，于是有很多人向他购买了预告单。

到了指定的时刻，有很多人聚集在指定的地点，但水牛群并没有出现。于是，那位青年给每个购买者赔偿了2美元。通过这件事，那位青年赚到了一大笔钱。为什么他不但没有亏本，反而还赚到钱呢？

其实这个故事的真实情况是这样的：为了到达观看水牛群迁徙的指定地点，必须经过一条小河。由于这条小河上没有桥，因此过河需要每人支付5美元坐木筏，而这个故事里的青年就是经营这木筏的船夫。他看起来好像是以门票赚钱，其实他是靠渡船赚钱。

3. 产品创新

产品创新是站在客户的角度发现客户的潜在需求，研发新的产品；或者发现老产品的问题，研究客户的投诉、客户真正的痛点，从而对产品做出功能上的扩展和技术上的改进。产品创新的动力机制既有技术推进型，也有需求牵引型，其中需求牵引型较为常见。产品创新是针对企业的产品技术研发活动而言的，它的风险比变革创新、市场创新的风险都要小一些。

如果要研发新的产品，需求牵引型产品创新一般会从市场的需求出发，可以利用头脑风暴、设计思维、TRIZ、戈登法、逆向思维方法、仿生学法等提出一个新的创意，再通过波特五力分析法、SWOT分析法、ROI分析法等研究新产品研发的必要性和投入市场的盈利能力。接下来要进行研究开发，这时需要做的主要是对技术工艺实现的可行性进行分析和实践。制作出样品后进行批量生产。最后投入市场，做好市场营销和推广，此外还需要做好售后服务，这就是一个产品的全生命周期管理。

例如苹果公司从iPod到智能手机的制造，使手机不仅具有通话功能，更成为社交和娱乐产品。中国的炒菜机器人利用人工智能的机器学习，将传统上靠厨师经验炒菜的模式，转变为标准化的生产流程。3D打印机的出现，将过去认为不可能实现的客户定制变成了现实。克隆技术的出现，完全打破了传统观念，实现了无性生殖。微信、支付宝、淘宝、京东、共享单车、滴滴等正在以前所未有的速度发展，这些都是非常好的产品创新案例。

4. 运营创新

运营创新是对企业内部的流程、规范、规章制度、生产工艺、组织架构、采购、物流、库存、财务、人力资源、数字化企业、设备管理和维修等进行变革。运营创新的风险是最低的。比如医院由以部门为中心的流程，转变为以病人为中心的流程。原来病人需要先挂号，再去看医生，如果需要做身体检查，就需要先划价，再交费，然后才能进行检查，等到检查结果出来，再拿着检验报告单去看医生。现在的一些医院利用计算机技术、互联网技术、物联网技术，对流程进行了改造，开完化验单，不需要再进行划价，甚至连交费都可以使用医生旁边的POS机或者扫描二维码完成。这样就不需要病人不停地移动，而医院内部的结算流程则由计算机来完成。公司复杂的审批流程，看起来是为了规避风险，实则往往成为快速反应的绊脚石。如何加快企业的审批速度，成为每个企业面临的最大问题之一。如何通过数字化技术实现流程规范化，利用计算机和人工智能来实现多点管控，是运营创新中非常重要的课题之一。

有时可以将生产创新从运营创新中划分出来，运营创新更强调企业的运营管理，包括人财物、进销存；而生产创新则强调企业的生产过程管理，比如生产型企业的生产制造系统（MES）、服务型企业的核心业务系统（CBS）、医院管理信息系统（HIS）等。

以上所讲的创新的四大类型是从企业的角度来划分的，此外，创新也可以从社会的角度出发，分为以下5种。

第一，科学研究中的创新，其目的是获得新知，为人类的科学事业开拓新的领域，获得新的认识。

第二，工程设计中的创新，其目的是把人类的知识转化成生产力，获得新的方法、工艺、流程等。

第三，产品研发中的创新，其目的是获得新的产品，满足消费者的需求，同时使生产者获得利润。

第四，管理科学中的创新，其目的是得出管理、组织、经营、服务上的新方法，获得更高的效率。

第五，艺术创作中的创新，其目的是产生佳作，使人类在美学上获得新的体验。

1.1.2 创新的必要性与紧迫性

【案例分析】

清晨，非洲草原上的羚羊刚刚从睡梦中醒来，就意识到了危机的存在，意识到新的比赛就要开始，对手仍然是跑得最快的狮子。羚羊要想生存下来，就必须在速度上超越对手。

另一方面，狮子的思想负担也很重，假如跑不过最慢的羚羊，那么最终也无法存活。

所以说，面对新的一天，无论是狮子还是羚羊，为了生存下去，就需要不断创新方法，让自己跑得更快一些。

由此可见，无论是强大的狮子还是弱小的羚羊，在物竞天择的自然界都面临着生存的危机。要想逃避死亡的追逐，首先就要时刻保持危机感，同时拥有创新意识，要求自己必须越跑越快，超越对手。

这个故事说明了危机意识与创新意识的必要性。在企业经营方面也是一样，如果能及时发现企业里的危机或风险，采取有效、合理的措施化解危机，抵御风险，防患于未然，那么企业就能朝着健康、良性的方向发展。创新设计思维的目的就是帮助大家学会创新，抓住机遇，改变世界。

中国企业从改革开放初期为外国企业做代工，发展到前些年的学习模仿，再到现在创造自己的品牌，这是历史发展的必然。

1.1.2.1 PEST分析

在政策科学化、技术现代化、社会信息化、经济常态化的今天，创新变得尤其重要。我们在分析问题的时候，需要综合考虑种种外部环境，这就要用到PEST分析法。

PEST分析是指宏观环境的分析，宏观环境又称一般环境，是指一切影响行业和企业的宏观因素。对宏观环境因素作分析，不同行业和企业根据自身特点和经营需要，分析的具体内容会有所差异，但一般都应对政策、经济、社会和技术这四大类影响企业的主要外部环境因素进行分析，因此简称为PEST分析法。

PEST分析如图1-3所示。

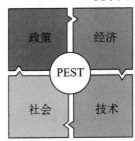

图1-3　PEST分析

从政策方面分析，国家将创新作为发展战略，强调"大众创业，万众创新"；鼓励企业走出国门，利用"一带一路"倡议的契机，实现企业国际化；鼓励发展第三产业，使服务业成为中国一个新的战略产业。《中国制造2025》加大了国家对智能制造、智能生产、智能产品、智能工厂方面的投入，这是创新发展的一个非常有利的时机。

从经济方面分析，中国经济发展步入新常态，经济增长调速，经济结构调整，驱动要素转变，人工成本、原材料成本加大，市场竞争加剧，利润变小，企业收购、并购频繁。

从社会方面分析，社会人口分布正发生着巨大的变化，老龄人口逐年增长。人们走出国门，旅游、学习、工作，快速了解世界，获得信息，人们的思维模式也因此发生巨大的变化。"互联网+"成为新兴经济形态，数据成为新生产要素，推动传统企业转型升级。另外，美国对中国高科技企业的打压，促使中国必须走自己的发展道路，创造自己的品牌和技术。

从技术方面分析，人工智能、大数据、物联网、互联网、云计算、区块链、量子通信、5G网络、机器人、3D打印等新技术出现并广泛应用于各行各业，驱动社会、企业进行颠覆性创新。

我们知道，苹果公司推出智能手机iPhone，使得当年移动通信设备行业的巨无霸诺基亚几乎从人们的眼前消失了。虽然柯达发明了数码相机，但在讨论是否将数码相机作为柯达的核心业务时，一句"如果大家使用了数码相机，是否还会使用胶卷，柯达的核心竞争力是否会继续存在"的提问将柯达阻止在数码相机业务的门外，导致了柯达的倒闭。电子商务的出现，使得很多的零售实体店受到了非常大的冲击。如果特斯拉的新能源车得到普及，燃油车车企未来将会何去何从？支付宝、微信支付等移动支付App出现后，未来实体银行的出路在哪里？如果智能机器人得到普及，众多的一线工人将会做什么？这些都会给社会、企业和个人带来极大的挑战，所以国家需要改革，企业需要转型，个人需要转变，这些都成为历史发展的必然。

1.1.2.2　新技术带来了机遇与挑战

一切都开始移动互联网化了，数字化给人们带来了巨大的机遇和挑战。移动互联网时代最重要的问题之一，不是对手比你强，而是你连对手是谁都不知道。新的、更大的对手已经在用创新思维、互联网思维，布局跨界侵占你的市场，你却浑然不知。等你醒悟过来的时候，为时已晚。最彻底的竞争是跨界竞争，你收费的主营业务，一个跨界的企业进来免费营销，因为他们根本就不考虑用这个业务收费赚钱。典型的案例如360推出免费杀毒软件，让整个杀毒软件市场翻天覆地。微信在2020年已经拥有12亿用户，并且还在增加，直接影响了中国移动、中国联通、中国电信的收益。余额宝出台后，18天狂收58亿元的资金存款，开始抢夺银行的饭碗。在零售业，商场超市醒来得太慢，淘宝、京东已经在明目张胆地抢夺市场。

未来十年，是中国所有领域大变革的时代。所有大企业都可能遭遇新技术的冲击。人们的生活方式可能发生根本性的变化，比如电子支付的普及，使支付发生了巨大的变化；线上购物、外卖的常规化，给线下零售业、餐饮业带来了巨大的挑战；疫情的出现，给在线教育创造了巨大的机遇。

跟不上形势、来不及变革的企业，必定遭遇前所未有的挑战。沃尔玛正在关闭它的多家门店，这个曾经的世界五百强之首，正在面临梦醒后如何选择方向继续前进的问题。

一切都处在巨大的变革中，任何一家公司，如果不能意识到资金正在随着消费体验的升级而改变流向，那么不管以前有多成功，未来也只能苟延残喘，直到被尘土掩埋。

创新者以前所未有的迅猛之势，从一个领域进入另一个领域。门缝正在打开，边界正在融合，传统的广告业、运输业、零售业、酒店业、服务业、医疗卫生业等，都可能被逐一击破。更便利、更快捷、关联度更强的商业系统正在逐步形成。

未来酒吧还是酒吧吗？咖啡厅只喝咖啡吗？酒店就是用来睡觉的吗？餐厅就是用来吃饭的吗？肯德基可不可以变成青少年学习交流的中心？银行等待的区域可不可以变成书店？飞机机舱可不可以变成国际化的社交平台？

你不敢跨界，就会有人跨过来抢夺饭碗。未来十年将是一个"海盗嘉年华"的时代，各种横冲直撞的人物会遍布各个领域。他们只是开了个头而已，接下来的故事是数据重构商业，流量改写未来，旧思想渐渐消失，逐渐变成数据代码。大数据时代，云计算迅猛发展，一切都在经历推倒重来的过程。

在这个颠覆的世界，大学生要想找到自己的机会，创新是必由之路。同学们，快速行动起来，加入创新创业的大潮之中。这个世界属于有梦想的人，梦想是改变世界的原动力。

1.1.3 怎样创新

【案例分析】

美国ABC电视台《夜线》栏目曾播放了一集《深潜》的节目，记录了IDEO公司5天之内设计购物车的全过程，揭示了创新设计的秘密。

第一个问题：设计团队由哪些人组成？手推车设计项目的团队由项目经理和12名团队成员构成，项目经理彼德是斯坦福大学的工程师，他是创新设计方面的行家，而不是手推车方面的专家。其他12名成员各有不同专长，有工商管理学专家、语言学家、营销专家、心理学家、生理学专家等。

第二个问题：在设计团队缺少手推车方面的专家的情况下，他们如何设计手推车呢？

第一步：理解背景。为什么商场需要设计手推车？一是因为商场发现手推车的安全隐患较大，每年因手推车导致受伤而到医院就医的人数超过2.2万；二是因为手推车丢失严重。团队发现，主题还不太明确。

第二步：进行客户体验。所有的成员分成几组到商场亲自体验，将在各种情境下使用手推车出现的问题以及期望获得的改进记录下来。

接下来是和制造商、修理商进行沟通、交流，了解他们的痛点、建议和意见，其后重点与手推车方面的专家进行讨论。专家认为，原来的手推车设计并不安全，手推车上的儿童座椅需要改进。他们也发现，人们在购物时不希望离开手推车。

第三步：问题汇总。当设计团队的所有人员从调查场地返回公司，他们将获得的第一手资料进行汇报总结，每个小组都要汇报、沟通、分享以及演示他们掌握的所有信息。他们利用便利贴、白纸进行演示汇报，发现在大风的吹动下手推车在停车场会以每小时35英里的速度奔跑。最后通过汇总，大家更清楚需要解决哪些痛点，了解了需要设计的使用场景。

那么，他们在设计中需要遵循哪些原则呢？这就是第三个问题：设计过程中，团队成员需要遵循的原则。

第四步：头脑风暴。在创意过程中，IDEO严格要求团队没有领导和员工之分，没有上下级之分，人人平等，采取头脑风暴的模式，统一思想，聚焦主题，鼓励狂野的点子和想法，不急着批评或者指责别人的观点。因为很多优秀的点子还没有落地，就被批评、指责，从而将好的想法消灭在了萌芽阶段，这样将很难创新。要在别人的观点之上得到灵感，扩展自己的想法，将其发扬光大。一旦发现有人批评别人的观点，就摇铃铛警告。

在便利贴上写出自己的点子和想法，每张便利贴上只写一条想法，只写关键词，不要超过10个字。写好点子，贴到墙上。人人都可以写出自己独特的点子。然后大家标记上自己认为好的、比较可行的点子。如果有些点子偏离现实太远，就放弃它。有时，主管们担心讨论偏离主题，会马上开会强调聚焦主题，要求在限定时间内完成任务。当各种改良方案拟订完成，马上进行展示。

然后，将大家的设计方案进行汇总。大家的设计方案可谓五花八门：分离式手推车可以将篮子拿出来和放回去；高科技手推车可以让客人避免排长队结账，手推车上有扫描器，客人在放货物时就可以扫描货物的价格；有人为小朋友设计了安全座椅；还有人设计了可以和商场工作人员远程对话的对讲设备……他们从各个小组的设计方案中选出较好的，组合起来完成了最后的设计方案。

这一步利用头脑风暴获得创意，将想法展现出来，进一步和消费者、厂商等进行沟通，听取他们的意见和建议，对设计方案重新进行调整、完善。

IDEO设计的手推车，几乎没有增加成本，但是与之前的设计大不相同。车轮可以旋转90度，横向前行，再不会出现碰到其他物品时无法移动的情景，而且袋子可以挂在手推车的旁边。

第五步：交付生产。将经客户确认的设计图纸交付给厂商，和生产厂商沟通，进行实际产品的生产。

做完这五个步骤之后，手推车被正式推广使用。最终，IDEO设计的手推车得到了商场的工作人员和顾客的高度好评。

1.1.3.1　IDEO公司产品创新流程

总结IDEO公司设计手推车的整个过程，我们发现了IDEO创新的秘密。

第一，创新可以流程化，分为三大阶段和九大步骤，如图1-4所示。

一是启发阶段（也叫灵感阶段），包括三大步骤——理解、观察、总结。

二是构思阶段，包括四大循环步骤——头脑风暴、原型设计、测试、完善。

三是实施阶段，包括沟通和实施。

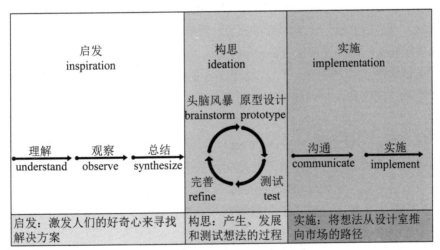

图1-4　IDEO设计思维的流程和步骤

第二，他们有一个懂得创新流程的设计师团队（WeQ，众商团队），而不是行业的专家。

第三，他们有一套鼓励团队充分发表建议的不批评、不评价、不议论、不把想法消灭在萌芽阶段、鼓励狂野想法的规则。

第四，他们拥有开放的心态，并通过不懈的努力，可以在别人想法的基础上产生更好的想法。

第五，他们将头脑风暴引入创新设计中，通过民主集中的方法集思广益。

第六,在整个过程中,他们将各种混乱的想法进行集中、分类、完善、优化。

第七,快速进行原型设计,和客户沟通,一步一步进行迭代。

第八,学会讲故事,宣讲自己的产品设计优势。

这就是IDEO创新的秘诀。

1.1.3.2　E3D模式

对于产品创新,使用IDEO的三大阶段和九大步骤就可以实现了。而对于运营创新、服务创新、商业模式创新,我们一般采用E3D模式,如图1-5所示。

图1-5　E3D模式

以人为本的创新设计思维流程分为前期准备与三大阶段。

前期准备:范围发现域(Explore)。

在日常的工作或者生活中,发现存在的问题,确定需要解决问题的范围或者领域,比如解决交通问题还是就医问题,解决服务的问题还是营销模式的问题。

第一阶段:问题探索域(Discover)。

问题探索域就是寻找关键的问题和问题产生的根源。我们都知道找问题比解决问题更困难,比如城市交通问题,人们总是将其归因于车多路少,但是现在的方案是否从根本上解决了问题呢?并没有。其实交通堵塞问题的根源在于人员的集中流动(特别是上下班)。

第二阶段:方案设计域(Design)。

方案设计域就是设计创新的、可行的、能带来价值的解决方案。对于找到的问题,要想设计一个与众不同的解决方案,就需要创新创意设计,需要鼓励狂野的想法,不允许说不可能,不允许批评、指责。比如在堵车问题上,狂野的想法可能是"可否实现在家办公"等。

第三阶段:实施交付域(Deliver)。

实施交付域就是落实方案的实施,保证项目顺利完成。对于提出的创新解决方案,需要研究方案的可行性,设计原型,制订行动计划,这时就需要制定实施项目的机制,来保证创新项目的落实。

> 【思考与练习】
> (1) 为什么说不探讨新的商业模式,公司将面临被淘汰的风险?
> (2) 有人说:"创新和创业是分不开的。"那么,在一般情况下,我们发明制作了一个新产品,如果不利用该产品进行创业,或者不对技术进行商业转化,这是创新吗?
> (3) 在设计思维的流程中,有一个测试的过程;而在创新设计思维的流程中取消了测试,改成了可行性分析,为什么?

1.2 什么是设计思维

如何进行创新,如何设计新的产品、服务,如何寻找新的解决方案,如何制定企业新的流程,如何进行企业的变革,新的企业如何定位,如何找到合适的客户群体,等等,解决任何问题都需要借助一定的方法。解决问题有两种不同的思维模式,即左脑思维和右脑思维。对应于两种思维模式也就有了两种不同的价值链,一种是传统的价值链,而另一种是新的价值链。

要做到创新,就需要进行创新思维的训练,一般包括求异、想象、联想、发散、收敛、直觉和灵感。

1.2.1 左脑思维与右脑思维

人类的大脑分为左脑和右脑。左脑倾向于逻辑思维,通过语言文字进行思考;而右脑则倾向于艺术思维,通过视觉图像进行思考。左右脑的分工为:左脑负责理性思维,主要控制语言、逻辑分析、推理、抽象、计算、记忆、书写、阅读、分类排列、判断等;右脑负责感性思维,主要控制直觉、情感、图形、知觉、形象记忆、美术、音乐节奏、舞蹈、想象、视觉、身体协调、灵感等,如图1-6所示。

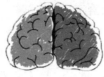

分析 逻辑性 商业思维	创造 可能性 设计思维
• 专注于执行和规则 • 围绕现有的客户需求和挑战来思考问题	• 挑战现状 • 围绕客户期望来思考问题
• 围绕现有业务的概念设计业务模式	• 围绕创新业务的概念设计未来业务模式
• 用最佳实践和常见的观点满足客户的需求 • 左脑思维 • 现状和问题导向	• 用创新实践和独特观点超越客户的期望 • 右脑思维 • 目标导向

图1-6　左脑思维与右脑思维

右脑思维者可能经常不按常理出牌。比如发现割草机噪声大时,左脑思维者会利用减震的方法降低噪声;右脑思维者可能会考虑如何不用割草机就能完成割草工作,比如如何让草不长高,于是就有了基因改造技术。对于患者如何去医院看病的问题,左脑思维者会考虑使用救护车,或者请医生登门救治;右脑思维者则可能考虑如何使人不生病。针对目前交通堵塞的难题,左脑思维者会考虑减少车流量、修路、修地铁,甚至建设空中交通轨道;右脑思维者则可能考虑让人们减少使用交通工具。右脑思维可以打破条条框框,获得一些出人意料的想法。创新需要右脑思维。

1.2.2　设计思维与传统思维的区别

【案例分析】

这次依然以设计手推车为例。

假如超市希望设计公司设计一款手推车。按照常规,设计公司会先到超市调研消费者使用手推车过程中的痛点以及他们的期望等;然后对手推车收集人员、维修人员、生产厂商等进行调研,发现他们在收集、维修、生产过程中存在的问题;再找到手推车出现问题的原因;最后对手推车进行调整、改造。其实这是头痛医头、脚痛医脚的模式,是解决问题的传统方法。

然而运用设计思维进行手推车的设计,和传统的设计方法完全不同。设计团队首先作为客人去超市进行购物体验,将自己整个的购买过程记录下来,找出自己觉得不舒服的地方。比如,带着孩子的消费者发现最大的问题是抱着孩子购物很不方便;客人在超市里找不到自己想购买商品的陈列架,也找不到导购员；结账时排队等待时间过长，等等。

　　设计团队围绕着他们发现的问题，在设计手推车时就要考虑如何解决这些问题。比如，在手推车上安装一个显示屏，只要对着它问需要买的东西在哪里，显示屏马上会显示引导路线图，直接将顾客带到相应的货架前。再比如，在手推车上安装传感器，当顾客将货物放进去的时候，手推车就会自动累加计算货款；当顾客不想要已经放入购物车里的商品时，只要将它拿出购物车，购物车就会自动减掉该商品的金额；购物完毕，扫一下二维码就可以结账，再也不需要排长队付款了。

　　下面思考一下如何解决顾客抱着孩子购物不方便的问题。这时可能就会有人提出在手推车上加一个儿童座椅。我们知道，有了儿童座椅，大人高兴了，可是孩子高兴吗？不一定。那么除了儿童座椅，还有没有其他的解决方案？大家可能会想到像首都机场那样，在手推车的下部做一个小孩可以开飞机的玩具，这样小孩边走边开飞机，他们就高兴了。可手推车是用来购物的，玩具飞机占据了大量的空间，可能大人的需求就满足不了。除了安装有玩具的手推车，还有没有其他解决方案？这时大家可能会想到在商场给小朋友建一个室内游乐场。有了游乐场，小朋友高兴了，但父母可能并不满意，因为小孩的安全可能成为最大的问题。那么在安全方面有没有解决方案？这时大家可能会想到给小朋友戴一个具有传感器的手环或者脚环，无论小孩在哪里，手推车上的显示屏都会实时显示孩子的所有行为。

　　到了这一步，我们会发现，一开始是想设计一款手推车，那么室内游乐场和手推车有没有直接的关系？这就是设计思维的魅力，不是从手推车本身的问题出发，而是从客人购物的需求出发来进行设计。如果最后发现根本就不需要手推车，照样可以让客人满意，完成购物，那将会是颠覆性的创新。比如在网上购物，送货上门，现在的电商不就是这样吗？如何实现既不到商场超市购物，还要和普通电商不一样呢？其实更进一步设计会发现，可以在家里的冰箱上安装传感器，当冰箱里缺货时，数据就会自动传到"虚拟超市"的配送中心，然后配送中心用无人机将货物送到客人的家门口。人工智能会根据客人的使用情况为客人自动配货、送货，甚至可以让机器人做饭、干家务等。这样就从一个手推车的设计转换成如何让客人生活更美好的"虚拟超市"的设计了。

　　这就是设计思维和传统思维的区别。到底什么是设计思维，每个企业、每个个人都有不同的定义。有的是用设计思维实现创新的流程定义的，有的是用设计思维的特征描述来定义的，有的则是用一些案例来讲述的。

大家一听到设计思维，往往会认为和我们没有直接关系，应该是设计师需要的。因为一提到"设计"大家会联想到艺术设计、服装设计、产品设计、建筑设计、工程设计等，从字面的含义，大家会认为它是设计师的事情。其实设计思维来源于英文的"Design Thinking"。其中"Design"的真正含义是对于任何一种复杂的现象或者问题，需要设计出一套创新的产品、项目、服务、流程、模式、战略等解决方案。设计思维就是利用设计师的思维模式来解决复杂的问题，获得创新解决方案的思维模式，它适用于任何一个需要解决问题的人，包括解决现有的问题，以及寻求现在还不存在的新的产品、服务、流程和模式等。

鲁百年博士在《创新设计思维》一书中是这样定义的："设计思维就是利用设计师的思维模式来解决以人为本的复杂问题，基于同理心获得创新解决方案的思维模式。"

IDEO公司首席执行官Tim Brown是这样定义设计思维的："设计思维是一种以人为中心的创新方法，它从设计师的工具箱中汲取方法，以整合人的需要、技术的可能性和商业成功的要求。"

SAP这样定义设计思维："设计思维是一套基于同理心的解决问题和发现问题的工具和思维方式。"

设计思维与设计不同。设计是把一种计划、规划、设想通过某种形式传达出来的活动过程。而设计思维是一种思维模式，它不但要考虑设计的产品、服务、流程或者其他战略蓝图本身，更重要的是"以人为本"，站在客户的角度实现创新。

设计思维从最终用户的角度出发，利用创造性思维，事先对需要设计的产品、项目、流程、商务模式或者某个特定的事件等，通过理解、观察、定义、头脑风暴、方案设计、讲故事等制定目标或方向，然后寻求实用的、富有创造性的解决方案。其主要目标是站在客户需求或者潜在需求的角度发现问题，然后解决问题。

【案例分析】

铁路总公司希望机车供应商设计一款舒服的、安全的高铁座椅。从设计的角度出发，设计师会考虑形状、质地、材料以及不同乘客对座位的要求，设计出让乘客满意的座椅。而设计思维是从乘客需求出发，考虑如何满足乘客需求,关注的不仅仅是座位,还会考虑从乘客查询行程、买票、到达车站停车场、检票、安检、在候车室等车、拖着行李进站台,一直到登上火车和登车后的体验等一系列的流程中,如何让乘客满意,并且考虑可否减少流程,让乘客尽量方便,减少乘客旅途中的烦恼等。

设计思维是一种以客户需求为基础,以解决方案为导向的思维形式。它不是从某个问题入手,而是从目标或者最终成果着手,通过对当前和未来的关注,同时探索问题中各项相关因素的变化,最后找出解决方案。

1.2.3 设计思维与商业思维的区别

商业思维强调的是逻辑的推理和分析,专注于现有的产品,发现使用时的问题和客户的不满之处,只考虑如何解决眼下产品的问题,满足客户的现有需求,并使用最常见的方式来满足客户的需求。一般情况下,商业思维解决问题的流程是逻辑推理—业务分析—找到瓶颈—解决问题。商业思维常常是利用左脑思维,是以现状和问题为导向的。

设计思维强调的是创新和未来,专注于挑战现状,从最终客户的期望出发,为客户创造新的需求点,围绕着创新业务概念设计未来业务模式,利用创新实践和独特的观点超越客户的期望。一般情况下,设计思维经常使用的是创造性的、出人意料的想法,研究新的可能性,解决最终客户甚至还没有想到的问题。设计思维一般是利用右脑思维,而且是以目标为导向的。

【思考与练习】

传统企业营销,经常从企业自身考虑,先看看自己有什么产品,然后考虑如何定价,再考虑在哪些渠道做销售,最后考虑用什么方式做促销。但是在互联网时代,大家考虑更多的是客户需要什么,然后根据客户的需求和痛点设计产品和服务。那么,这两种思维模式有什么不同?

1.3 创新设计思维概述

将客观的、合理的、按照逻辑推理的、追求相对稳定的、利用分析和相应规划实现的商业思维与主观的、换位思考的、按照感情探索的、追求新奇的、利用体验和通过行动解决的设计思维紧密地结合起来，再加上"忘掉现状和问题而寻求美好未来"这一思想，三者平衡，就产生了新的思维模式——创新设计思维模式。

IDEO的设计思维模式更适合于产品的研发和创新，对于问题的解决、方案的制定、企业的流程、部门的协同、整体的规划等就不完全适用。为了将IDEO的设计思维与颠覆性创新相结合并推广到更大的应用范畴，我们引入了新的商业思维模式，这里称为创新设计思维模式，它更强调利用创新的思维模式，解决存在的问题或者客户潜在的需求，获得创新的甚至颠覆性的解决方案或产品。

乔布斯讲过："并不是每个人都需要种植自己吃的粮食，也不是每个人都需要做自己穿的衣服，我们说别人发明的语言，使用别人发明的数学……我们一直在使用别人的成果。使用人类的已有经验和知识来进行发明创造是一件很了不起的事情。"将原有的商业思维和设计思维合并起来，加以发扬光大，我们就有了新的思维模式——创新设计思维。

1.3.1 创新设计思维的定义

创新设计思维以最终用户的角色探索潜在的需求，不仅要从当前的状况和出现的问题出发，考虑现有的挑战；还要寻求潜在的挑战，强调最终客户的体验；而且从美好的未来和理想的愿景出发，忘掉现状，强调最终客户未知的、渴望的体验，将逻辑思维和直觉能力结合起来，利用一整套的设计工具和方法论，设计创新性产品或服务的思维模式，如图1-7所示。

图1-7　创新设计思维模式

从当前问题出发，可以找到问题的解决方案，是解决问题的方法。从美好的未来出发，可以提出创新性的解决方案，是获得创新方案的方法。将两者结合起来，不仅可以解决问题，满足客户的需求，还可以帮助企业和客户获得美好的未来。

像设计师那样思考可以帮助企业转变产品、服务、流程和战略的开发方式。这种创新设计思维，综合考虑了人的潜在需求、可行的技术以及大规模推广的可实现性。创新设计思维还可以帮助未受过专业设计培训的人，运用创意工具来解决不同类型的问题。

创新设计思维是一种极为注重人性的思维方式，用来调动人们都具备的，但被传统思维方式所限制的能力，如直觉能力、辨识模式的能力、构建创意以实现情感共鸣和实用功能的能力以及通过文字或符号之外的方式来表达自我的能力。仅凭感觉、直觉和灵感是无法管理企业的，但过于依赖理性和分析同样有风险。创新设计思维就是逻辑思维和设计思维的组合，是兼顾二者的第三条道路。

创新设计思维运用分析式工具和生成式技巧帮助客户在现有条件的基础上展望未来，并规划路线图来达成目标。我们的具体方法包括商务模式的设计和验证、信息的具体呈现、创新战略、企业组织设计以及定性和定量调研。

乔布斯讲过："知道自己想要什么，这不是客户的工作。"创新设计者需要站在客户的角度，研究客户的需求，然后创造出超越客户需求的产品。比如苹果手机，就是完全超越了客户期望的产品，它既不完全是手机，也不完全是计算机和电视，是所有这些产品的结合，并且将客户体验做到了极致。

1.3.2 创新设计思维的发展历史

20世纪的很多设计活动都运用了设计思维，"设计思维"这个词是在20世纪80年代，随着人性化设计的兴起而引起世人瞩目的。在科学领域，把设计作为一种"思维方式"的观念可以追溯到赫伯特·A. 西蒙（Herbert A. Simon）于1969年出版的《人工制造的科学》一书。在工程设计方面，更多的具体内容可以追溯到罗伯特·麦克金姆（Robert McKim）于1973年出版的《视觉思维的体验》一书。20世纪80年代，斯坦福的教授、美国著名的设计师、设计教育家罗尔夫·A. 法斯特（Rolf A. Faste）把麦克金姆的理论带到了斯坦福大学，把"设计思维"作为创意活动的一种方式，进行了定义和推广，扩大了麦克金姆的影响力。他在斯坦福大学举办了"斯坦福联合设计项目"（也是D.School的前身），并一直是该项目的主管。可惜他于2003年去世，没等到D.School的建成。

1987年，时任哈佛大学设计学院院长的彼得·罗（Peter Rowe）出版的《设计思维》一书是首次使用"设计思维"（Design Thinking）这个词语的设计文献，它为设计师和城市规划者提供了一套实用的解决问题的理论依据。"设计思维"这个词由此被正式使用。1992年，理查德·布坎南（Richard

Buchanan)发表了题为"设计思维中的难题"的文章,表达了更为宽广的设计思维理念,即设计思维在处理设计中的棘手问题方面已经具有越来越大的影响力。

1991年,大卫·凯利(David Kelley)创立了IDEO公司。它是现今全球最大的设计咨询机构之一。IDEO公司以设计思维作为其核心思想,并贯彻落实到工作中,成功实现了设计思维的商业化。

2005年,大卫·凯利联合全球最大的管理软件供应商——德国著名公司SAP创始人之一哈索博士,在斯坦福大学工程学院成立了"斯坦福大学哈索·普兰特纳设计研究院"(Hasso Plattner Institute of Design at Stanford,D.School)。该研究院获得了SAP提供的3500万美元赞助。该研究所的目标是培养复合型的、以人为本的创新型设计师。研究所由各种背景和行业的人员组成,他们分别来自工程学院、艺术学院、管理学院、医学院、传媒学院、计算机科学学院、社会科学学院、理学院等。D.School开设了一门设计思维的课程,主要采用学员分组参与的形式,尝试设计一个新的产品、服务、流程等,从而掌握设计思维的方法论和思维模式。2007年,哈索博士在德国的波茨坦成立了设计思维学院。

D.School的教学机制也迥异于寻常机构,它不提供学位教育。这里的课程向斯坦福大学的所有研究生开放(学生都有各自的专业背景和基础能力),强调跨院系合作,宗旨是以设计思维的广度来加深各专业学位教育的深度。跨学科合作这一目标早已为人熟知,但在操作层面困难重重,症结往往就在于本位思考不容易打破。D.School的模式予人启发,所谓无我才能实现自我。它的教学目标是教会学生"换位思考",从小处入手,专注于思考人们的真实需求,重新思考各个行业的边界。学院所有的教学课程都是由项目驱动的,项目来自非政府组织和企业,这不仅保证了资金来源,也保证了选题的现实性。因此,从组织架构上,学院与这些机构建立了长期的合作关系,这是其一大优越之处。由于这个特点,这里的课程并没有固定的模式,而是根据学时长度、参与课程的学生人数和师资不断调整。但每门课程至少配备两名教师,多的可达5名,这是为了满足学科交叉的要求(总是有一名来自本学院的教师,其他的教师可能来自其他学院,也可能来自企业和社会机构)。这对管理者提出了很高的要求,也是教辅人员繁忙的原因所在。由于没有学位教育的要求,D.School的教学模式不重视一般意义上的系统性,而是强调针对性和实用性,回归了设计的实践属性。

2015年，鲁百年博士在《创新设计思维》一书中正式提出了"创新设计思维"的概念。

1.3.3 创新设计思维的要素

1.3.3.1 创新设计思维需要开放的心理空间和物理空间

在解决问题的时候，当某一个人刚提出一个创意或者想法时，就会听到很多人讲，"你这个方法根本不行""这简直就是异想天开""我们没有时间""我们没有资源"，等等，其结果是将很多好的想法毁灭在了萌芽阶段。创新设计思维教会大家任何问题都会有解决方案，不一定要找一个绝对完善的方案。先做出一个方案，不管好坏，先将事情做成，然后将事情做好，再进一步迭代。变换一个角度考虑问题，很多原本认为不能解决的问题也许就迎刃而解了，创新没有不可能。

很多事情做不成，不是我们不能做，而是我们不敢做、没有主动去做。心态是一个决定性的要素，如果还没有做，就找理由，认为自己做不了，而不是想尽一切办法去做，那结果当然不会好。

在创新设计思维的过程中，特别是在创意设计阶段，一定要具有开放的、积极向上的心态，认为万事皆有可能，坚持不批评、不指责、不议论、不抱怨、不说"不可能"、不说"你错了"的原则，鼓励狂野的想法。在提创意的时候，可以不考虑想法的可行性，越狂野越好。当一个人提出一个想法，别人在他想法的基础上进行发散，可能会产生更狂野的想法。平时大家认为某些事情不可能做到，主要是由于惯性思维导致的，所以创新就需要打破思维定式。大家总认为一件事情不可能，这样就很难创新；如果将大家认为的不可能变成可能，那就是颠覆性的创新。所以一定要有开放的思想，接受一切狂野的想法。任何问题都会有解决方案，先将事情做成，然后将事情做好，边做边优化完善。

最怕的是还没有开始，就提出"不可能""不行""没有时间""没资源""成本太高"等负面或否定的意见。在头脑风暴的时候，我们严格规定，不许说"不"。

我们做一个游戏：给出6根火柴，要求摆成边长和火柴长度相同的4个等边三角形。很多人会认为不可能，但是换一种思维模式，在四维空间里就可以摆成一个正三棱锥。不考虑边长限制，交叉摆放，也可以得到一组等边三角形，如图1-8所示。

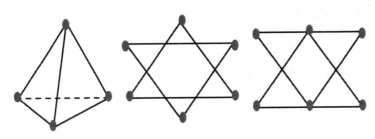

图1-8 用火柴拼正三角形

创新除了要有开放的心理空间，还必须建立一个相对宽松的物理空间。组织需要建立一个创新中心，不仅包括创新团队，还包括创新工作坊、创新工作室或者创新设计思维教室，创新要有乐观的态度、宽松的环境和事先的授权。要开展人人喜欢参与的讨论和头脑风暴，让大家发表自己的想法和建议。

【案例分析】

SpaceX有非常大的创新空间，他们的老板埃隆·马斯克的办公室就在开放式厂房的中心，老板加班的时候员工都可以看到，所以员工加班也就没有怨言。SAP公司在每一个地方都会有自己的创新设计思维教室，空间非常大，且呈开放式，里面除了一些高脚凳和少量的小桌子外，还放着创新需要的各种道具，包括便利贴、计时器、各种记号笔、乐高积木、橡皮泥、彩色绳子、胶带、圆点贴、3D打印机、游戏桌球等，人们可以在墙上任意书写绘画。

当前很多企业的工作环境采用了"鸽子笼"模式，这种模式适合常规的工作，但不适合创新。

1.3.3.2 创新设计思维需要以人为本

创新设计思维需要以客户为中心，站在最终用户的角度考虑问题，也就是用同理心去发现问题，解决问题。

以客户为中心说起来很容易，但是做起来真的不容易。每次问起客户有什么痛点，最希望要什么，大家才发现，他们真的不了解客户，只是猜测客户想要什么，或自以为客户想要什么，但他们想到的可能根本就不是客户的真正诉求。

【案例分析】

从前有一只小兔子在冬天去湖里钓鱼，它在冰上钻了一个小洞，然后将自己的尾巴伸到洞下去钓鱼,可是钓了半天,也没有钓到一条鱼。最后,小兔子被冻得不行了,不得不将尾巴拉上来。就在这时,随着它的尾巴蹦上来一条鱼,鱼生气地骂道:"如果你再拿胡萝卜来忽悠我,我就把你吃了!"原来,兔子自己喜欢吃胡萝卜,就以为鱼也喜欢吃胡萝卜,竟然用胡萝卜做鱼饵。

这个故事说明,屁股决定脑袋,大家一般都会以自己的想法代替别人的想法,所以很难理解别人的痛苦、快乐、烦恼等感受。

平时人们都强调站在客户的角度看问题,以客户为中心。同样是站在客户的角度,左脑思维和右脑思维却得到完全不同的结果。在创新设计思维的拓展训练中,我们要求所有参与者都站在客户的角度考虑问题。

例如,讨论如何改善医院的流程,提高患者的满意度。首先以患者看病的一天为切入点,让大家讨论,患者是如何看病的(这就是我们后面要讲的方法论:客户旅程地图)。大家从患者早上起床谈起,需要考虑到哪家医院看病,如何挂号,能否挂上号,去医院需要乘坐哪种交通工具,各需要多长时间,能否挂上专家门诊号,是否需要手术,能否治好患者的病,这家医院是否为医保定点医院,等等。

如何解决患者的顾虑呢?常规的做法就是针对出现的问题或者难点,寻求解决方法。比如,挂号可以采用网上挂号或者电话预约挂号的方式;选择交通工具,可以查询百度地图。只不过这些信息存在于不同的网站,患者需要费一些精力去查找。根据现状以及患者的痛点,大家找到了解决方案。

方案一:建立医院信息共享平台。将看病所需的信息进行整合,建立一个医院相关的智能平台。但这样还是解决不了患者挂号难、看病难的问题,因为以医院部门为中心的流程,是患者转,而医院内部不转。

方案二:改造医院的流程。比如患者可以网上挂号或者到医院刷医保卡挂号,然后在医院的大厅等待。医院大厅有大的LED屏,按就诊顺序显示每位患者的姓名、编号、就诊科室及诊室位置。患者可以直接到相应的诊室门前等待。在医生的诊室门前有三个等待的座位,就诊一位,大厅的显示屏就会通知再补充一位。

每个诊室门外的墙上也有显示屏,可以看到谁正在看病,谁排在第几位。在医生看病过程中,如果患者需要做透视,医生在开透视单的同时完成划价,患者可以在医生桌上的POS机刷卡缴费,或者扫描透视单上的二维码进行缴费。

等检查完毕，透视的结果会同步到医生的计算机上。医生需要征求患者的意见，药是自提还是快递，患者可以自由选择。

取药处（配药处）也会看到患者的处方以及患者选择的取药方式，根据患者的要求执行。

方案二仍然是左脑思维模式，改进了方法，做到了流程的创新，做到了"内转，外不转"的以客户为中心的服务模式，不需要患者不停地在医院各个科室间穿梭，真正实现了以病人为中心。

方案三：创新设计思维模式。在大家寻求看病难的解决方案时，传统的思维模式都会考虑如何直接解决患者的顾虑，但是右脑思维的人马上会提出问题：为什么患者一定要去医院看病呢？假如患者不去医院也能看病，该如何去做？思维模式的小小变化会带来无穷大的商机。莱福康信息科技公司的云端健康就是这样一种创新。将医院搬到云端，患者通过手机集成的医疗器械或者无创血糖仪，可以实时测量血压、血糖、心电图、体温、心率、脉搏等。当空巢老人在家没人照顾、爬山爱好者出现危险、旅游者出现异常现象等，随身携带的手机会自动拨出求救电话，在没有信号的地方也可以工作。云端医院24小时值班，监控着所有客户的状况，一旦发现异常，就可以联系离客户最近的医生进行远程诊断和治疗。客户每天的测试结果、病历等信息都存在云端医院中。当患者需要透视时，也许将来的技术也可以将透视设备集成到手机上。费用报销可以由云端医院直接和社保中心进行关联。这样不仅能在客户生病时解决问题，还可以随时随地监控客户的状况，预防客户患病危机，也为客户提供很多的增值服务，比如对糖尿病人进行餐饮提示并提供特殊食品，等等。

【案例分析】

IBM当年濒临倒闭，大量客户抱怨机器难用，订单大大减少。这时IBM启动了一个叫"银狐计划"的项目，将投诉的客户请到了他们的开发中心。第一天，客户只是大骂IBM；第二天，骂声就少了；第三天，大家说IBM请我们来，我们应该真正给他们一些建议，结果大家开始心平气和地提出建议，说出自己真正需要什么。最后，IBM按照客户的建议，生产了一款机器，再将这些投诉的客户请来进行体验的时候，这些客户非常兴奋，马上打电话给自己的朋友说，IBM生产了一款新机器，其中某个功能还是他自己设计的。结果，还没有等到产品发布，订单就像雪片一样飞了过来。这款产品就是AS400，到现在还有很多公司在使用。

我们在日常生活中经常见到，很多公司的规章制度、业务流程都是站在自己的角度制定的，当客户不满或者投诉时，公司工作人员经常会说："这是公司的规定，我有什么办法呀？"在和客户打交道的过程中，经常有客户说价格太高，对此我们应该如何解决？大部分人的做法都是这样的：客户认为价格太高，我们就想办法找老板给打折，或者对客户说我们的产品好，所以贵。这些看起来是以客户为中心的解决方案，实际上都运用了传统的思维模式。那么创新设计思维是如何处理这些问题的呢？下面我们就来讨论"如何设计以客户为中心的解决方案"。

西安欧亚学院胡建波院长将设计思维在大学中应用到了极致。他站在最终客户，也就是客户的客户角度考虑问题。大学的客户是学生，学生的客户是用人单位。所以大学要以用人单位的需求、痛点和渴望为中心，来设计学校的课程，而不是站在学校的角度来设计课程。

如果站在学校的角度，设计课程时首先考虑我们有什么样的老师，比如鲁百年老师，他是应用数学的博士，最擅长的应该是应用数学，所以他应该在学校给学生开设一门非线性动力学。

如果站在用人单位的角度，就需要研究用人单位需要什么样的人才，哪方面的人才最短缺，然后制订该门课程的计划，再根据需要的内容来选定讲课的老师。如果没有这样的老师，就需要组建一个课程小组进行开发，这个课程小组的人员可以由企业内部的专家、社会上懂得该课程内容的教师、学校和该课程相关的老师等组成。最后，还可以让学生直接到用人单位进行实习和体验，等学生毕业后就可以直接到用人单位工作了，不但解决了学生的就业问题，而且可以给用人单位带来巨大的实惠，这样学生也会踊跃地报考该大学。

1.3.3.3 创新设计思维需要目标导向

运用传统思维解决问题是从现状出发，首先研究现在存在什么问题，引起这些问题的原因是什么，从而寻找解决问题的方法。这种解决问题的模式属于交付型，围绕着问题交付解决问题的方案，强调的是执行力。而创新设计思维是以目标为导向，先定义美好的未来，然后寻找实现美好未来的途径，再探索实现美好未来所需要的能力，获得创新的解决方案，因此创新设计思维强调的是解决问题的多种创新路径。

从幼儿园到小学，到中学，到大学，老师教会了大家逻辑思维，寻找唯一正确的标准答案，比如"5+5=？"，大家都知道答案是10；而很少有老师教大家"？+？=10"。创新需要以目标为导向，然后寻找可以达成该目标的多种途径。

【案例分析】

课堂上，教授让大家分成若干小组，用10分钟进行小组讨论，为架一座桥梁而设计方案，之后每个小组做一个历时3分钟的汇报。

小组讨论非常热烈，10分钟后，每个小组都给出了自己的设计方案。第一组的方案是，快速建立一个项目组，确定项目的预算，聘请高级设计师设计桥梁，制定项目的里程碑、验收标准等。第二组补充汇报设计什么样的桥梁会更节省成本；第三组补充汇报什么样的桥梁会经久耐用等。

教授问大家："为什么没有一个小组问为什么要架这座桥梁？"学生回答："因为是您让我们架桥梁呀！我们就设计了如何架好这座桥梁。"

学生接着问："为什么架这座桥呀？"老师答："架桥的目的是让企业的员工从桥上过去，到河的对岸上班。那么除了架桥梁还有没有其他的方案？渡船方式除外。"

结果大家很快就提出了非常多的方案，比如游泳过去；将河填平了过去；修索道过去；走隧道过去等。

这时有一位同学说："可以将工厂搬过来，大家就不用过河了。"另一位同学在上一位同学的基础上提出："将员工宿舍搬到河的对面去。"

教授说："这些都是很好的解决方案，还有没有其他的解决方案？"

这时又有学员说："如果大家不用上班，还可以将工作做好，就不需要过河了。"

教授说："非常棒的方案，可是不去上班如何将工作做好呢？"

学员七嘴八舌地讲出了很多的解决方案，比如由机器人代替人的工作，远程控制操作机器，等等。

这个案例说明，创新设计思维可以教会大家"？+？=10"。对于任何问题，都可以给出很多不同的解决方案，然后探讨每个方案的可行性，从而找到最合适的解决方案。

创新就需要有大胆的设想，有狂野的想法，充分想象美好的未来是什么样的。如果没有狂野的想法，就很难做到创新，比如电影《走向未来》中设想的场景现在基本上都实现了。很多科幻片当时看起来都是非常荒谬的，但是人们从科幻片中得到了启发，有了目标，大家就想尽一切办法将它变为现实。所以我们强调"创新没有不可能"。

目标导向一般是从业务的角度出发，以客户为中心，制订切实可行的计划，实现美好的未来。比如在一个大公司做整体信息化规划的时候，想象的美好未来就是自己在海边钓着鱼，还可以使得客户满意，老板满意，如何设计这样的信息化系统呢？从这个目标出发，他们设计的方案架构就是全部的业务通过数字化来实现，包括生产由机器人来实现，物流由无人飞机来实现，客户在网上直接下订单，等等。看起来这个目标有点狂野，但这绝对是未来的发展方向。我们事先这样规划，再看看达成这个目标的路线图是什么，从而在系统建设时考虑这些要素，比如通过云架构来满足客户导向的研发、生产、销售、物流、仓储等。

如果人们不去上班，就可以省掉汽车，省掉汽油，会为环境保护做出贡献，这是一个巨大的生态圈，整个世界将会因此重组。很多人可能会认为，将来"工业4.0"实现以后，工厂里全部都是机器人在工作，那么人不就失业了吗？有这样想法的人，是从现状考虑，认为人生下来就应该工作，工作的目的可能是更好地生活。我们只要换一种思维模式，就会发现，人活在世上的目的不是工作，而是生活。也许在美好的未来，人们根本就不需要工作了，机器人帮着我们工作，人可以专心寻求科学和艺术上的成就，那该多么理想呀！

一般情况下，目标导向的具体做法是利用"未来/现状/瓶颈/想法"的工具，先不考虑现状，忘掉自己的身份，设想一个美好的未来，再寻求实现美好愿景的方案和具体步骤。目标导向的流程如图1-9所示。

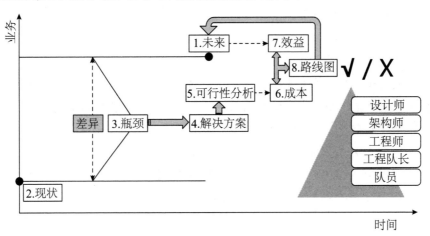

图1-9 目标导向的流程

1.3.3.4 创新设计思维需要快速迭代的创新设计模式

当人们谈论某个项目做得非常成功时,经常会有人说:"这个项目我四五年前就想到了,而且我设想的比他现在做的更完善。"也不知道这个人是出于嫉妒,还是觉得自己比别人聪明,是一个先知先觉者。可是人家早已成功,他还只停留于设想层面。还有一种情况,当一个人或者一个企业有了一个很好的创意或者想法,他们就开始进行论证,做内外的调研、环境的分析、项目的评估、投入产出的计算、前景的展望,等等,就是没有快速地去做。等评估完,大半年就过去了,其他人可能早就开发出同类产品了。这就是传统项目在执行上的最大弊端。

【案例分析】

有一个非常经典的游戏:

将所有参与者每4人分为一组,每组利用5个道具:一块棉花糖、一段一米长的棉线、一段一米长的细胶带、20根意大利面条、一把剪刀。要求小组在18分钟内,不借助任何外力,建成一个最高的棉花糖塔。

要求棉花糖必须放在塔的顶部,不能变形,不能吃掉一部分。

意大利面条可以剪断,但如果是不小心折断的,可以带着折断的部分兑换相应数量的意大利面条。

不借助任何外力的意思是,不能将塔座粘到桌子上,也不能用绳子从天花板吊下来挂上棉花糖计算高度。

这就是国际上非常著名的创新游戏——棉花糖游戏。

我们来猜一猜,在企业高管、商人、律师、普通员工、博士生、硕士生、本科生、中学生、小学生、幼儿园的小朋友等人中,谁会搭得最高呢?

结果让人意外,幼儿园的小朋友搭得最高。

为什么?大人来做时,一听到塔,大家脑子里马上就会出现像埃菲尔铁塔一样的形象。然后整个小组开始讨论解决方案,画草图,有时为了确定方案还会争吵个没完,等方案定下来,时间已经过去四五分钟了。然后大家开始分工,你接4根,我接4根,他接4根,总希望塔建得高一点。结果好不容易做好塔座,将棉花糖轻轻放在上面,才发现底座根本支撑不住,这时才意识到,原来棉花糖不像想象中那么轻。于是,赶紧修改方案,进行调整,可是时间已经来不及了。

而幼儿园小朋友的做法却完全不同，他们接到任务，一分钟也不耽误，马上就开始做，先用一根面条插入棉花糖，将棉花糖顶起来，然后很快建成一个一层高的棉花糖塔；如果有时间，他们再继续搭建二层高的棉花糖塔；等站稳了，他们再建三层高的。这时他们发现塔站不起来了，就用面条将塔倒向的一边撑起来。这时很多人可能会说，他们做的不像一个塔了，像一只恐龙，可是他们毕竟完成了任务。

这个游戏其实并不是看大家能做多高，主要是让大家体验敏捷开发的重要性，认识"先将事情做成，再将事情做好"的创新设计模式。

【案例分析】

有一头驴子，它肚子很饿，而在它前面两个不同方向的同等距离处有两堆同样大小、同样种类的草料。驴子犯了愁，因为两堆草料和它的距离相等，料草又是同样的数量和质量，所以它无所适从，不知应该去吃哪堆草料，于是就在犹豫和愁苦中饿死在了原地。

这是一则著名的哲学故事，"驴"的主人是著名的哲学家布里丹，这个效应叫布里丹效应。

这个故事无所谓真实，但它的寓意是深刻的。

一是思考和行动的关系。很多人擅长思考，而拙于行动，想得很多，犹犹豫豫，不能立即决断，最后一事无成。这就是"思考有余而行动不足"，浪费了很多宝贵的时间和机会。

二是环境和意识的关系。到底是环境决定意识，还是意识决定环境？其实两者是相互影响的。很多人抱怨环境不行，其实是在为自己找借口。意识具有很强的能动性，虽不能说"人有多大胆，地有多大产"，但它发挥的作用不可小觑。

三是创造性和创造力。只要有创造意识，就会引发创造行动，就会有活力，而呆板凝滞是致命的弱点。因此，人不能太死板和教条，而应活学活用，创造性地思考问题，解决问题。创新创造不仅是一种思维方式，也是一种行为方式，对结果好坏起决定性作用。

思考思辨没有错，但同时也需要果断决策，付诸行动，才会有好的结果，这就涉及"敏捷开发"的问题。

敏捷开发原本是软件开发领域的一个名词，是指以用户的需求进化为核心,采用迭代、循序渐进的方法进行项目开发。在敏捷开发中,项目在构建初期被切分成多个子项目,各个子项目的成果都经过测试,具备可视、可集成和可运行使用的特征。换言之,就是把一个大项目分为多个相互联系,但也可独立运行的小项目,并分别完成,在此过程中小项目一直处于可使用状态。再次强调,将大项目分解成若干个小项目,指的是每个小项目都可以独立运行。

比如设计一款无人驾驶的概念汽车,敏捷开发的模式不是将概念车拆分成轮胎、发动机、方向盘等小项目。而是先做一个功能不一定完善的1.0款的可以使用的汽车,比如没有自动泊车系统,没有导航装置,但它是一辆可以开动的汽车;在使用过程中,继续迭代完善,变成2.0款,增加了自动泊车、导航功能;然后再生产3.0款,会有无人驾驶、自动导航、智能安全行驶、大脑意念控制等功能。

对于很多的创业公司来讲,一开始没有自己的产品,需要研发一款快速赚钱的产品,这时敏捷开发就会起到非常大的作用,先将事情做成,然后将事情做好。先开发一款产品,快速上市,和客户共同成长,从客户的反馈中了解客户的建议和需求,从而调整自己的产品。也可以请客户参与产品的研发,以快速实现产品的生产和销售。

企业的成功就和棉花糖游戏一样,并不完全取决于塔身的高度,同时还要考虑棉花糖的重量。很多时候都是这样,项目开始时一切顺利,等最后将棉花糖放上去的时候,才发现项目完全失败了,这样既花费了大量的人力、物力,又耽误了时间。敏捷开发是从"棉花糖"开始思考的,即我们所说的从挑战开始,从目标开始。另外在做事的时候,需要改变思维模式,不要认为我们没有计划好,不敢干,而应快速行动,先将事情做成,再考虑如何将事情做好。

1.3.4 创新设计思维的流程

创新设计思维的框架由三个阶段和7个步骤组成,如图1-10所示。

三个阶段(3D),包括探索阶段(Discover,灵感空间)、设计阶段(Design,构思空间)与交付阶段(Deliver,价值空间)。

探索阶段:对事件的背景进行研究,运用同理心进行观察,通过分析找到需要解决的根本问题,确定预讨论的主题。我们知道,找问题比解决问题更困难。

设计阶段:对于需要解决的问题,充分收集资料和信息,站在最终客户的角度,发现他们的痛点、难点、期望,从而设计相应的解决方案。一般情况下，最初获得的几乎都是通过逻辑推理制订的解决方案，然后通过右脑的训练，迸发出狂野的想法，获得创新的解决方案。将方案进行完善优化，排列优先级，再通过原型设计，进行进一步的整体迭代，跨越聚类的维度，跨越部门，通过可视化更进一步做整体的迭代，最终获得切实可行的创新解决方案。

交付阶段：对方案进行可行性分析。对于民主集中获得的创新解决方案，制订行动计划，并采用演小品、讲故事、角色扮演等方式进行汇报和推广。

创新的三大要素，就体现在这三个阶段。一是用户潜在需求的独特性，二是创意在技术上的可行性，三是商业延续价值性，其实包含了IDEO的三个阶段，即启发阶段、构思阶段、实施阶段。它不但可以实现产品的创新，也可以应用到商业创新和公益创新领域，包括战略创新、商业模式创新、运营创新、流程创新、服务创新、项目创新、产品创新等。

这里的7个步骤不同于IDEO的步骤，也不同于斯坦福大学D.School和德国博斯坦HPI设计思维的步骤，还不同于SAP原始设计思维的方法。在实践中，我们修正了很多原始的方法，获得了现在的创新设计思维方法论。这7个步骤并非线性的，根据主题不同，项目不同，所使用的步骤也不完全相同。

第一步：背景理解。根据当前情况和存在的问题、客户的投诉、企业的投资、大家期待解决的问题，设定需要研究的主题，选定方案设计的范围，对主题背景做充分的理解。

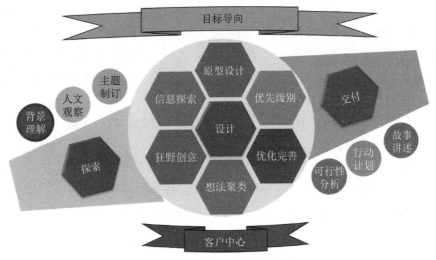

图1-10　创新设计思维的框架

第二步：人文观察。对最终客户做一系列的观察、探索，完全站在这些客户的角度，利用同理心，获得第一手和第二手资料。同时采取亲身体验或者调研的方式，快速了解客户的需求和期望获得的结果。

第三步：主题制订。探讨相关主题，了解设计所涉及的范围，站在利益相关者的角度，发现问题的所在，来定义讨论问题的主题。一般情况下，找到问题比解决问题更困难。

第四步：方案设计。这是最重要的步骤，通过对主题的充分了解，对现状及问题的掌握，站在最终用户的角度，利用同理心，采取头脑风暴的方式，构思更多新的想法；再转换角度，站在设计者的立场，思考如何既能满足客户的期望，又能在一些约束条件下获得大胆创新的想法和点子。这是一个迭代循环，包括信息搜集探索；通过头脑风暴进行狂野的创意设计；对创意的想法进行聚类；接着对聚类进行优化完善；然后对聚类进行优先级投票；最后就是对方案的原型进行设计，利用乐高、积木、草图等一切可以利用的道具设计出直观方案，这是对于离散想法的整理、总结，让大家获得直观体验。

第五步：可行性分析。对于设计阶段做的创新解决方案，需要研究它的可行性。如果方案非常狂野，就需要研究落实方案所存在的阻力，要排除这些阻力需要哪些条件，从而了解落实该方案的难易程度。对于"梦想家"的点子，要将目标进行分解，一步一步去实现，从而形成该项目的路线图，同时也需要了解哪些是"现实家"的点子，哪些是"批评家"的点子。

第六步：行动计划。对于设计完成的创新型解决方案，要想将它落实、推广，实现价值，就必须分配任务，落实方案的行动计划。

第七步：故事讲述。创新型方案设计完成后，就需要对方案的价值进行推广，获得相关人员，比如投资公司、客户、管理层的认可，才能实现其真正的价值。讲故事也是一门非常重要的功课。

在创新设计思维的7个步骤中，每一步又由三个核心循环组成，即观察、思考和执行，或者看、想、做。

创新设计思维的流程和工具，在企业的应用中不断迭代，不断进行调整修正。创新设计思维的流程更适合于商业设计，包括企业的战略设计、商业模式设计、服务设计、流程设计、运营设计、营销策略设计、销售计划设计、产品设计等，也可以用于公益设计、政府项目设计等。

1.3.5 创新设计思维和设计思维的区别

创新设计思维是设计思维的拓展，是商业思维和设计思维紧密结合的产物。之所以叫创新设计思维，一是因为这种设计思维是用于设计新的产品、服务或者组织亟待解决问题的创新方案的；二是在原来设计思维的基础上，引入了解决不同问题的工具，也就是工具的创新；三是此处的"设计"不是艺术设计的意思，而是对于一切复杂问题设计新的解决方案。

创新设计思维不但强调以人为本，利用同理心发现问题，解决问题，获得创新的解决方案；而且强调目标导向，先设计美好的未来，然后再探索实现美好未来所需要的资源、方法和路径；同时引入了创新工具的概念，也就是在解决具体问题的时候，利用不同的工具引导，一步一步获得创新的解决方案。创新设计思维属于右脑思维，是目标和愿景导向。它专注于挑战、目标和愿景，利用同理心，从最终客户的期望出发，创造客户新的需求点，围绕着创新业务概念设计未来业务模式，利用创新实践和独特的观点超越客户的期望。这种创新一般是颠覆式的。在做事的风格方面，设计思维是想到就做，快速行动。

【思考与练习】

（1）创新为什么既要有开放的心理空间，又要有开放的物理空间？

（2）在解决以人为本的问题时，了解为谁解决问题非常重要。如果讨论的主题是"机场的反恐项目"，请问谁是终端客户，是机场的保安人员、乘客、政府部门还是恐怖分子，为什么？

（3）一般人解决问题时，首先考虑现状和存在的问题，再研究产生问题的根源，最后提出解决方案，请问这和以目标为导向的思维模式的最大区别是什么？

（4）如果我们想解决一个问题，首先考虑所有的变数，一次性设计最完美的解决方案，这种做法看起来风险应该更小。可是我们为什么说敏捷开发、快速迭代的风险更小，成本更低？

（5）创新设计思维和设计思维的最大区别是什么？

（6）假定在一个学期里，通过学习，设计制造一个创新的作品，你需要考虑哪些方面？

1.4 灵感的产生——创意种子

本章前面学习了什么是创新，了解了创新设计思维。那么怎样开启创新，找到产生创意的方法，学会培育一颗创意的种子呢？

很多人认为，创意是需要天赋和灵感的，可能自己并不是天才，没有创新的想法和产生创意的灵感。其实创意的产生也是有规律、有工具和方法的。在这里要介绍的是让大家产生创意的两个常规方法，只要掌握了这两个方法，相信大家也一定能培育一颗创意的种子。

第一，从问题中启发创意。

【案例分析】

在美国有个被称为"拖把女王"的人，她叫乔伊，她也曾被美国杂志评选为"世界上最具创造力的女企业家"，她本人拥有一百多项专利。如果你觉得她是天才，那就错了。乔伊在最开始的时候，也只是一个普通的单亲妈妈，她和大部分的妈妈一样，在做家务的时候，常常遇到拖把不吸水、不好拧干的问题。于是，她开始利用自己的碎片时间，研制好用的拖把，最终她发明出了魔术拖把，这款拖把后来成了风靡世界的创意产品。那么，创意是什么？创意，就是和别人看到一样的东西，却有不一样的看法；和别人面对同一个问题，却有不同的解法。在遇到拖把不吸水的问题时，别人只能安于现状，用老办法解决问题，乔伊却用碎片的时间尝试各种新方法。

问题意味着创意的机会。无论是在生活中还是在学习中，我们都会遇到各种各样的问题，而解决问题，就需要我们用不一样的看法、想法，找到不一样的解决方法。也就是说，解决问题，往往意味着产生创意的机会。要想培育一颗创意的种子，就需要去发现问题，然后围绕问题提出不一样的想法，找到不一样的解决办法。从问题中启发创意，这是一个产生创意的方法。

第二，通过联想构思创意。

我们在设计产品、服务、流程、战略等的时候，通过联想构思，可以产生新的创意。

联想是指从一种事物想到另一种事物的心理过程。由当前事物回忆过去事物或展望未来事物，由此事物想到彼事物，都是联想。每个人都经常自觉或不自觉地做各种联想。联想是创意的基础。奥斯本说："研究问题产生设想的全部过程，主要是要求我们有将各种想法进行联想和组合的能力。"许多奇妙的新观念和想法，常常由联想的火花点燃。

任何创意的产生，都离不开联想构思。在联想构思的时候，可以参考和借鉴周围的事物，可以由一个事物想到相关联的事物，由一个事物想到相似的事物，由一个事物的性质或特点想到与它相反的事物，由两个事物存在的因果关系而引起联想，等等。

【案例分析】

1948年，有一个叫乔治·德·梅斯特拉尔（George de Mestral）的瑞士人。有一天，他出门遛狗的时候，发现狗的身上粘满了一种草，清理起来非常麻烦。这引发了乔治的极大兴趣，从此他便开始研究这种叫作苍耳的植物，发现苍耳这种草有倒钩，所以容易粘连且难以清除。由此，乔治发明了尼龙粘扣带，现在的衣服、鞋子、包包等很多物品上，都会使用粘扣带。你看，很多人看到粘满杂草的狗，第一反应可能是头疼、恼火，因为清理起来非常麻烦；但也有人由此而产生创意，通过联想，最终发明粘扣带。这就是联想构思带来的创意。

当然，一定要注意，联想不是胡思乱想，联想一定要有逻辑性。

从问题中寻找创意，通过联想构思创意，就是两个常见的产生创意的方法。大家可以想象一下自己的生活中还有什么需求没有被满足，和同学们讨论，选出大家共同的痛点，去确定一个创意种子。

【思考与练习】

参照以下表格，制作一个小组创意种子的图表，找到创意种子的差异点和创新点。

小组名称：	小组成员：
创意种子全称：	
内容概况：	
创意性：	
与同类产品的差异：	
价值体现（社会价值、商业价值）：	

第2章 启发及优化创新思维

2.1 初步探索——搜集用户信息

2.1.1 同理心

【案例分析】

20世纪50年代，日本的东芝电器公司曾一度积压了大量的电扇卖不出去。公司7万多名职工为了打开销路，费尽心思地想了很多办法，但进展依然不大。

有一天，一个小职员看到同事穿了一件浅蓝色的衣服，在炎炎夏日中看起来非常清爽。他灵机一动，向公司领导提出了改变电扇颜色的建议。

由于当时全世界的电扇都是黑色的，东芝公司生产的电扇也不例外，而这个小职员建议把黑色改为浅蓝色。这一建议引起了董事长的重视。经过研究，公司采纳了这个建议。

第二年夏天，东芝公司便推出了一批浅蓝色的电扇，大受顾客的欢迎，市场上还掀起了一阵抢购热潮，几个月之内就卖出了几十万台。这一改变颜色的设想，一下子就改变了电扇大量积压的现状，为公司带来了巨大的收益。

从此以后，世界各国的家电企业都争相效仿。

结合案例，回归设计本身，我们注意到一个关键点：从客户的心理、喜好出发，以"同理心"为指导，客观地设计，具有合理性。

2.1.1.1 同理心的定义

"同理心"（Empathy）一词源自希腊文empatheia（神入），原来是美学理论家用以形容理解他人主观经验的能力。到了20世纪20年代，美国心理学家铁钦纳首度使用"同理心"一词，指的就是这种行为模仿（Motormimicry）。同理心是一个心理学的概念，也可解释为"设身处地理解""感情移入""神入""共感""共情"，泛指心理换位、将心比心，亦即设身处地对他人的情绪和情感的觉察、把握与理解，主要体现在情绪自控、换位思考、倾听能力以及表达尊重等与情商相关的方面。从思维的角度而言，同理心是一种感性思维，它需要我们关注他人的感受。

2.1.1.2 同理心的分类

同理心有三种类型，即认知同理心、情感同理心和富有同情的同理心。认知同理心是指从他人的角度看事物并理解其原理，或认知、处理事务的方式的能力。情感同理心是指分享他人的感受并能够与他人建立强烈情感联系的能力。富有同情的同理心（也称为同情心关注点）是指能感受别人的痛苦，并采取行动帮助别人。

2.1.1.3 创新设计思维里的同理心

【案例分析】

有这样一个关于同理心的小游戏：

每个人找到一个同伴，然后用自己的两根食指给同伴比一个"人"字，如图2-1所示。然后让同伴看一下对方比的是"人"字，还是"入"字，相信一定会有人看到的是"入"字。

图2-1　比人游戏

通过这个游戏，我们发现在创新设计思维里的同理心就是进入和了解他人的内心世界，并基于这种了解给予对方反馈的一种技术与能力，简言之，也就是换位思考并感同身受，根据用户需求逆向设计。

现在大家将自己当作一名产品设计师，那么就必须了解用户的心理，理解用户的需求。当用户也不清楚自己的需求时，要有能力发现用户的潜在需求，这就要用到同理心。因为设计思维的核心是同理心，利用同理心了解客户的需求、痛点和渴望，然后设计出满足客户需求或者超越客户需求的解决方案。

2.1.1.4 培养同理心

同理心可以通过练习来提高，培养同理心有以下4个步骤。

第一，倾听自己的感受。要想培养同理心，先要倾听自己的感受。假如无法触及自己的感受，却要体会别人的感受，就太难了，因为这个领域对你来说还是一片空白呢！因此，首先必须发掘自己的感受。

第二，表达出自己的感受。其中最重要的是选择表达感受的方式。

第三，体察他人的感受。要用心体察别人的感受，而不要等别人主动表达自己的感受。

第四，用行动来回应他人的感受。一旦察觉到别人的感受，就要立刻做出行动，给对方以回应，让对方感觉到自己是被重视的，从而会在心理上拉近与对方的距离。

倾听自己的感受、表达自己的感受、体察他人的感受、回应他人的感受，这是同理心产生的4个步骤。

【案例分析】

罗伯森·沃尔顿是沃尔玛公司的创始人。

一个星期日,正是店里顾客盈门的时候,沃尔顿像往常一样,换上便服,装扮成一个购物者的样子,到店里来巡查。

他来到销售鞋子的柜台前,看到一位老妇人正在试一双鞋子。为了让顾客试鞋的时候更方便一些,店里专门给试鞋的顾客准备了可以改变高度的升降椅。这样,顾客可以根据自己的感觉调节升降椅的高度,使自己在试鞋时更舒服一些。老妇人坐的椅子有些高,她年纪大了,弯腰很不方便,显然她不知道椅子的高度是可以调节的,但表情懒散的售货员显然没有帮助她改变椅子高度的意思。老妇人试鞋的时候感到很吃力,索性放弃了购买。

下班之后,沃尔顿把这名员工叫到自己的办公室,问她:"今天上午你为什么没有帮助那位老妇人把椅子调整得更舒服一些呢?"

员工显然没有想到总裁会因为这件事责备自己,她辩解说:"可是,她并没有说椅子令她感觉不舒服啊?"

沃尔顿想了想,他取来一把升降椅,把椅子调得很高很高,然后对这位员工说:"既然这样的话,你亲自试一下。"

员工坐在高高的升降椅上,做出试鞋的动作,她费了很大力气才能够弯下腰去,试鞋就更费力气了。这时,她的脸一下子红了。

2.1.1.5 同理心地图

同理心可以帮助项目小组理解目标用户,在每一个创新设计思维项目的开始阶段,针对目标用户建立同理心是第一个重要的任务,这时可以使用同理心地图。作为收集用户信息的起点,同理心地图可以帮助我们快速可视化"用户是谁"以及"用户需要什么",可以获取用户需求、目标、痛点,帮我们找到真正的问题在哪里。通过同理心地图,我们可以讨论并加深对目标客户的理解。

1. 使用场景

第一,在讨论会上和观察阶段需要移情的时候,需要使用同理心地图。

第二,在设计产品、方案、项目、创意的过程中,为了达到"以用户为中心"的目标,在设计的初始阶段开始绘制同理心地图。

第三,在思路汇总阶段,完全站在客户的角度考虑问题的时候,需要使用同理心地图。

第四,讨论客户与相关主题的时候,需要使用同理心地图。

第五,在对已有的项目、创意或者产品进行设计改造的时候,同理心地图也是一个非常好的工具。

同理心地图也有"10分钟用户画像"之称。

同理心地图的种类有很多,格式各有不同,但无论形式怎样变化,目标都是相同的,都是帮助我们在设计中理解、移情用户,协助做好决策方案。图2-2展示了一个在创新设计思维里常用的同理心地图。

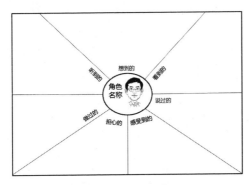

图2-2 同理心地图

2. 使用条件

参与人数:3~10人/组。

持续时间:20~30分钟。

使用道具:笔、便利贴、海报纸。

3. 使用步骤

第一步:换位,也就是选定目标角色。挑选出一名具有代表性的人物作为主人公,描述主人公的年龄与背景等。然后,将目标角色置于一个场景或情境,这个场景或情境与要发现的问题和主题有关,例如主题是教育问题,那么就在情境中营造教育相关元素。这一步骤主要是帮助参与者站在目标角色的角度来思考。

第二步:绘制地图。准备一张白纸,勾画同理心地图,先在纸上画下同理心地图的7个区域,询问以下7个问题,并写下答案。

- 想什么(描述他真正的愿望与需求,成功的标准,以及达成目标的策略)?
- 看到什么(叙述主人公在他的环境中所看到的事物)?
- 说过什么(想象主人公在公众面前会有怎样的表达)?

- 感受到什么（试着勾勒出主人公内心的状态）？
- 担心什么（主人公遇到的挫折、阻碍和恐惧）？
- 做过什么（想象在公众面前可能有怎样的行动）？
- 听到了什么（描述外界言论如何影响他的）？

通过7个模块的提问及回答，来捕捉角色在每个方面的经历和思想。

第三步：以小组为单位，移情到角色身份来描述目标角色在每个方面的经历和思想。

第四步：将小组的意见汇总，找出目标角色真正需要的是什么，驱动这个角色的要素是什么，以及我们可以为他做点什么。

同理心地图可以帮助我们全面思考。过去我们常在脑中思考目标用户的特质，这样做的缺点是想法稍纵即逝，有时候来不及保存，另外，也会限制我们的思考角度。同理心地图以可视化的方式呈现七大问题，使我们可以从不同的角度出发进行细致的思考，也更全面地掌握目标用户的特质。

同理心地图可以帮助我们站在用户的角度去理解用户的情绪、想法、立场和感受，并捕捉和记录用户的所说、所想、所做、所感。它是一种简单、易于理解的视觉图像，可以帮助设计团队更好地理解用户。通过同理心地图，我们可以讨论观察到了什么，从而推断出客户群体的信念和情感是什么；完全移情客户，充分理解他们的需求和痛点。

2.1.2 客户体验

2.1.2.1 客户体验介绍

了解了同理心，学会了使用同理心地图后，我们可以对用户有更深的理解，接下来就可以进行客户体验，像演员一样，扮演一次客户，做一次生活体验，来获取真实有效的信息。

2.1.2.2 客户体验的目标

通过体验，对客户、最终用户或者利益相关者可以有深层次的理解；获得一个投入感情的、与用户体验有关的故事；将思维模式转变为以用户为中心，不仅仅站在用户的角度，还可以作为用户的一员，发现不满意的地方。

2.1.2.3 客户体验的使用

1. 使用场景

在项目的筹划阶段，需要列出主题的相关情况时，可以使用客户体验加深我们对主题的认知。

在研究和探索问题的阶段，可以运用客户体验帮助我们找到问题的答案。

在设计方案阶段，可以通过客户体验，对方案进行测试、优化和迭代。

2. 使用条件

参与人数：3~10人/组。

持续时间：20~30分钟。

准备道具：本子、笔、录音笔、相机、手机等可以帮助我们做记录的任何道具。

3. 持续时间

客户体验的持续时间一般根据主题或产品的具体情况而定，可能为半天或一天。

2.1.2.4 客户体验的方式

1. 用户亲身体验

以用户的身份亲自到设计主题（或者产品等）的单位去体验，像一名演员体验生活一样。观察客户或者是客户的客户，和他们进行深度的交流与互动，了解客户的深层感受，理解客户的整体意图。可以从多种角度进行观察，例如实用角度、审美角度、安全角度，等等。

具体方式包括到线下体验店体验，浏览公司的官方网站、微信公众号，给公司发电子邮件，或者亲自体验一次购买的过程、感受一次服务等，从而获得相关的第一手资料。

例如，作为一个用户，你现在需要购买一款数码产品，那么在购买的每个环节中你会想到什么，会有怎样的行动，会担心哪些问题？你带着这些疑问，去一次线下体验店，或者在线上的商城下单购买，来获取每个环节的有效信息。你可以将体验过程中感觉不满意、不理解的地方记录下来。

2. 间接获取信息

间接获取信息的方法和途径又有哪些呢？

第一种是目前主流的方式，也是大家最熟悉的方式——利用线上资源，例如浏览网页、阅读在线评论；第二种是与最终用户、合作伙伴进行有效的沟通；第三种是最简单直接的方式——询问同事、朋友、家人的相关经历；第四种是通过调研客服中心了解客户的行为；第五种是研究行业的发展报告。

通过客户体验，与客户的生态圈（包括供应商、用户、企业本身、合作伙伴等利益相关者）进行沟通，可以充分了解企业的问题、痛点；进而利用了解到的用户期望，进行有效的分析和整理，为解决问题提出新的解决方案。

就像第1章介绍过的设计手推车的故事，设计师们接到一个为超市设计手推车的项目，于是团队的设计人员到超市进行体验，发现了以下问题：找不到想要购买商品的摆放位置；结账排队时间过长；带着小孩购物不便；POS机卡顿；老年顾客动作较慢，对其他顾客造成阻碍；部分商品缺货，等等。设计师们将这些问题记录下来，再进行分析并寻找解决方案。设计手推车的项目，设计者的客户是超市，超市委托IDEO公司重新设计购物的手推车。但是这个项目的最终客户是到超市购买东西的消费者，于是设计者们就采用用户亲身体验的方式，亲自去超市体验各种情况下手推车使用过程中出现的问题，以及使用者期望获得的结果，以此作为第一手资料。同时，采用间接获取信息的方法，向制造商、维修人员、保安等了解建议和意见，以此作为第二手资料。大家将收集到的第一手、第二手资料进行汇总、整理、分享，为重新设计手推车提出更好的解决方案。这就是客户体验的价值。

为获得真实有效的信息，可以使用客户体验法。通过客户体验可以找到客户的痛点，了解客户的期望，为解决问题提出更好的方案。

2.1.2.5 客户体验地图

在进行客户体验的过程中，需要了解客户的真实体验和感受，了解客户的真实不满和痛点，了解产品的缺陷。当我们获取了客户的一些痛点信息之后，如何挑选最关键的痛点和机会点呢？这就涉及用户体验地图。这是一个直观的呈现工具，借助它可以将用户情绪中最有价值的点突显出来。

1. 客户体验地图定义

客户体验地图也称为客户旅程分析图，它是一个展示客户使用产品或接受服务的体验情况的工具，是客户在每一个节点喜怒哀乐的真实记录。我们使用这个工具可以清楚地理解、描述客户在使用产品或接受服务过程中的全部感受，它让项目或者产品设计人员真正了解客户的体验，以便更好地理解客户。提示客户与产品设计师所设计的产品和服务的关系，寻找设计创新的机会。在做跨部门团队的项目讨论时，客户体验地图可以帮助大家站在同一起跑线上，在同一个频道上沟通、发言。

客户体验地图可以用来展现客户的一天，也可以再现用户购买、体验服务的完整经历。

2. 客户体验地图关键点

人物角色：描述客户需求、目标、思想、情感、观点、期望和痛点的主要人物。

时间轴：有限的时间（例如一周或一年）或可变的阶段（如意识、决策、购买、更新）。

情绪：表现挫折、焦虑、幸福等的高峰和低谷。

体现互动点：消费者在哪些行为中会产生互动，也就是标注客户都做了哪些事情。

表现互动方式：互动发生的地点和环境（如网站、本地应用程序、呼叫中心、商店），这就是他们互动的地方。

除了以上5个必要的关键点以外，有时候也需要做出关键行为——通过一次积极的互动，给客户留下深刻的印象，它往往被安排在一个会产生焦虑或沮丧情绪的互动点之后。

3. 客户体验地图实施步骤

第一步：前期调研和搜集材料。通过用户访谈、问卷调研、用户反馈、产品数据、竞品分析、客户角色分析等方式，获取大量真实可靠的客户的问题和惊喜点，将它们以小便利贴的形式整理出来，并将"问题"和"惊喜点"用不同的颜色加以区分。

第二步：整理材料。逐一梳理笔记，将笔记内容摘录下来，并拆解成行为、疑问、感受、想法。行为是表达客户在做什么，通常用"我+动词"表示。例如，我在找喜欢的连衣裙。疑问是客户在完成当前任务，打算进入下一步操作时，有哪些疑惑之处。例如，怎样才能更容易地找到我喜欢的连衣裙。感受是表达客户有哪些痛点或满意点，通常用"我觉得"表示。例如，我觉得很难找到喜欢的商品。想法是表达客户的所思所想，通常用"我认为"来表示。例如，我认为淘宝的商品比京东更全。在建立客户体验地图时，客户的想法可作为辅助参考信息。

第三步：提炼关键的任务流程。一款产品，客户在使用过程中会有很多场景、很多任务，在开始制作体验地图之前，需要提炼关键的任务流程。如何筛选关键的任务流程呢？首先，梳理产品的核心价值、客户的核心目标，进而提炼客户达成核心目标过程中必须完成的任务；其次，排除没有明确任务流程的分析或者难以了解客户感受的任务。

第四步：描述任务。对任务的描述，用词尽量精准简洁。

第五步：明确关键任务的目标。例如，对于搜索任务，客户希望"更快"地找到想要的商品；对于退货任务，客户希望能简单、省心。

第六步：写出关键任务的客户"行为"路径。如果是涉及多种设备（手机、计算机）、线上线下的服务等，建议记录每个行为的触点。

第七步：撰写客户做出每个行为时的"疑问或问题"。了解客户在完成当前任务，打算进入下一步操作时，有哪些疑问。例如，"怎样才能更容易地找到我喜欢的帽子""怎么找到发货地是西安的商品"。

第八步：写出调研获知的客户痛点、满意点，贴在对应的行为节点下方。痛点、满意点，可根据调研记录中出现的频率或者与这个行为的相关度来由高到低排序。这些痛点、满意点，如果有客户实际接触的界面或功能模块，也可以记录下来，方便日后对这些痛点进行优化改进。

第九步：思考每个行为节点、每个痛点背后是否有机会点、创新点。一是能否有最佳方案，来满足客户的需求，提升客户满意度、优化客户体验；二是通过这些客户痛点，去发掘开展新项目的机会。

完成以上9个步骤，即可制作一份创新设计思维的客户体验地图。

客户体验地图可以帮助我们用文字和图形表达客户的所见、所闻、所想、所做；一层一层地分解客户使用产品的流程。

客户体验地图既是将调研收集的零散信息系统化的方法，也是创新团队成员之间沟通交流的手段。通过对客户体验过程的关注，我们通常可以沿时间轴线更深入地建立同理心，识别客户的需求，探索对找到创新点至关重要的细节。在常见的客户体验地图中，首先要有对一位典型客户的描述，然后至少要有一条时间线。在时间线上，以节点定义客户的行动细节，节点往往意味着客户与我们关注的产品或服务的直接或间接联系。客户的每项活动都被置于场景中详细考察，在进行关联与比较的时候，我们需要关注的是反复呈现的模式与凸显的点。除了必要的时间线以外，在我们经常引入的情感（情绪）曲线中，可以将痛点和兴奋点都体现出来。

2.1.3 商业模式画布

2.1.3.1 商业模式画布的定义

商业模式画布是指一种能够帮助创业者催生创意、减少猜测，确保他们找对目标用户、合理解决问题的工具。它不仅能够提供更加灵活多变的计划，而且更容易满足用户的需求。更重要的是，它可以将商业模式中的元素标准化，并强调元素间的相互作用。

2.1.3.2 商业模式画布的特点

商业模式画布具有以下三个特点。

第一，完整性。虽说只有一页纸大小，但它基本可以确定一款产品的商业模式的方方面面，能够让人对该商业模式是否完善或者存在哪些纰漏一目了然。

第二，一致性。可以判断商业模式的各个方面是否一致，例如，供需双方的假设是否一致。

第三，一目了然。同事间可以清楚地看到彼此正在做什么，以及为什么要这样做；如果要求他们独立画出商业模式画布，他们画的图之间会有哪些区别。

商业模式画布可以帮助我们看清整个项目的进展情况。在全体成员参与的情况下，大家可以同步信息，对各自的职责都有更加清晰的认识。

2.1.3.3 商业模式画布的目标

利用商业模式画布进行引导，有助于我们探索企业的整体运营模式。从各个不同的角度出发，充分理解客户的产品、服务、运营、成本、利润、合作伙伴等，进行深层次的探索。

2.1.3.4 商业模式画布的九宫格模式

商业模式画布图由九个方格组成，每一个方格都代表着成千上万种可能性和替代方案，我们要做的就是找到最佳的那一个方案。

1. 客户细分

客户细分用来描绘一个企业想要接触和服务的人群或组织。为了更好地服务客户，企业可以将客户划归于不同的细分区域。每个细分区域中的客户都具有共同的需求、共同的行为，以及其他共同的属性。企业必须做出合理决议，到底该服务哪些客户细分群体，又该忽略哪些客户细分群体。再根据对客户细分群体需求的深入理解，设计相应的商业模式。可通过以下要点来划分客户细分群体：

- 需要提供明显不同的产品或服务来满足客户群体的需求；
- 客户群体需要通过不同的分销渠道来接触；
- 客户群体需要不同类型的关系；
- 客户群体的消费能力有本质区别；
- 客户群体愿意为产品或服务的不同方面付费。

2. 价值主张

价值主张构造块用来描绘为特定客户细分群体提供的系列产品和服务。价值主张能够回答下列问题。

- 我们该向客户传递什么样的价值？
- 我们正在帮助客户解决哪一类难题？
- 我们正在满足客户的哪些需求？
- 我们正在给客户细分群体提供哪些系列的产品和服务？

3. 渠道通路

渠道通路指分销路径及商铺，用来描绘公司如何接触客户细分群体，进而传递其价值主张。渠道通路包含以下功能。

- 提升公司产品和服务在客户中的认知；
- 向客户传递价值主张；
- 协助客户购买特定产品和服务；
- 提供售后客户支持；
- 了解客户对公司产品或服务的评价。

4. 客户关系

客户关系用来描绘公司与特定客户细分群体建立的关系类型。

企业应该弄清楚希望和每个客户细分群体建立的关系类型。维护客户关系可以采用人工智能服务助手与真人客服一对一服务两种方式。商业模式所要求的客户关系深刻影响着全面的客户体验。

5. 收入来源

收入来源用来描绘公司从每个客户群体中获取的净利润（需要从总利润中扣除成本）。如果客户是商业模式的心脏，那么收入来源就是动脉。企业首先需要回答这样一个问题：什么样的产品或服务能够让各客户细分群体真正愿意付款？只有回答了这个问题，企业才能在各细分群体上发掘一个或多个收入来源。一个商业模式可以包含两种不同类型的收入来源。一是通过客户一次性支付获得的交易收入；二是客户为获得价值主张与售后服务而持续支付的费用。

6. 核心资源

核心资源用来描绘让商业模式有效运转所必需的最重要因素。核心资源使企业能创造和提供价值主张、接触市场、与客户细分群体建立关系并获得利润。不同的商业模式所需要的核心资源也有所不同。核心资源可以是实体资产、金融资产、知识资产或人力资源。核心资源既可以是自有的，也可以是公司租借或从重要伙伴那里获得的。

7. 关键业务

关键业务用来描绘为特定客户细分群体提供的系列产品和服务，这里主要指企业的产品、服务或者解决方案。

8. 重要伙伴

这是一个关键合作构造块,用来描述让商业模式有效运转所需的供应商和合作伙伴的网络。企业会打造多种形式的合作关系,合作关系正日益成为许多商业模式的基石。可以把合作关系分为以下4种类型。一是非竞争者之间的战略联盟关系;二是竞争者之间的战略合作关系,也称竞合关系;三是为开展新业务而构建的合资关系;四是与可靠的供应商建立的供求关系。

9. 成本结构

成本结构指企业在某种商业模式下所引发的所有成本。创建价值和提供价值、维系客户关系以及产生收入都会引发成本。目前存在两种商业模式成本结构类型,即成本驱动和价值驱动。成本驱动侧重于在每个地方尽可能地降低成本;价值驱动则不太关注特定商业模式设计对成本的影响,而是专注于创造价值。通用的商业模式画布如图2-3所示。

重要伙伴	关键业务	价值主张	客户关系	客户细分
	核心资源		渠道通路	
成本结构		收入来源		

图2-3 商业模式画布

商业模式画布的使用者需要按照一定的顺序执行:首先要了解目标用户群(客户细分),再确定他们的需求(价值主张),想好如何接触到他们(渠道通路),怎么盈利(收入来源),凭借什么筹码实现盈利(核心资源),能向你伸出援手的人有哪些(重要伙伴),最后根据综合成本定价(成本结构)。

2.1.3.5 商业模式画布使用场景

商业模式画布的使用场景包括以下4种。

第一,做销售项目规划的时候。

第二,研究讨论客户背景的时候。

第三,制定企业商务模式的时候。

第四,探讨客户的企业战略规划主题的时候。

【思考与练习】

找一个生活或者学习中的典型案例（最好是难以解决的问题），试着用同理心的方式解决它。

2.2 深层次探索——探索依据

2.2.1 用户观察

在创新设计思维的流程中，观察是解决问题的起点，也是发现用户、发现需求、更加深入地了解设计项目的关键要素。

2.2.1.1 用户观察的定义

观察，字面意思是有意识地观看。大家想一想，在一天中，我们是不是经常在观看？再仔细回忆一下，观看的时候是不是很少带有目的性？我们的日常观看漫不经心，例如，虽然你每天在学校的食堂里吃饭，但并不一定有意识地观察同学们吃饭的姿势、取餐时的动作、排队点餐的位置等。在创新设计思维里的观察，绝对不是冷眼旁观，而是需要我们站在求知的角度，不仅需要观察用餐时间就餐的人数，还要有意识地关注大家吃饭时的状态、情绪，观察他们吃饭时的座位分布以及吃饭时会不会聊天、听音乐、打游戏，等等。在充分观察了用户的活动场景、习惯之后，才能准确把握用户的需求。

用户观察是一个让我们了解用户的方法。要想成功地将一个创意、项目、产品推向市场，我们必须走出自己的"舒适区域"，去和各式各样的人见面，实地进行深入了解、观察，将所收集的资料与亲眼所见的情况进行对比，做全方位的了解，避免盲人摸象。

【案例分析】

我和一个好友约了晚上聚餐，她选了餐厅，到达后打电话告诉我怎样才能找到她。她讲得很详细，告诉我在地铁到站后从A口出来，然后进入商场的大门，穿过商场，直到看见××服装品牌的店面和广告牌后，乘坐广告牌对面的电梯上四楼，餐厅就在四楼电梯的不远处。了解路线后，我挂断电话。当我走出地铁站A口后，按照她给的路线一直找，30分钟后，我还是没有找到那部电梯，于是不得不求助商场营业员，才找到了餐厅。见到她后，我已经筋疲力尽。我对她说："奇怪，我就是按照你的指示走的，但就是找不到你说的店面和它的大广告牌。"结果她还取笑我，说我应该去看一下眼科医生。聚会结束后，我们一起走到她给我指示的电梯口，才发现那个作为路标的大广告牌不见了，也找不到那间服装店。一问才知道，1个月前，这家店已经搬走了，只是我的好友还受到固有认知的干扰，大脑里的店面和广告牌已经遮蔽了现实中的视野，大脑中的执念使她对新的变化视而不见。而我，也将店面和广告牌作为寻找的对象，忽视了实际要到达的餐厅。

类似的情况，在你的身边是否发生过？不要以为用户观察是个熟悉的词，也是一件简单的事，在很多时候，我们的视觉和听觉会受到大脑既有认知的干扰，这些既有的认知会影响我们的观察和判断。

为了避免不必要的干扰，在进行用户观察的时候，需要按照用户观察的特定步骤，使用一些基本的辅助技巧，来避免观察到信息的不准确，影响对项目、产品、创意本身应有的真实有效的了解。

2.2.1.2 用户观察的步骤

用户观察包括以下4个步骤。

第一步：用户观察，一定要确定你需要观察的内容并且专注于此。也就是说，准确的用户观察需要有一个明确的目标。同样的道理，当你需要证实自己对用户痛点的理解、对用户需求的猜测以及做出的解决方案是否正确时，也一定要有明确的目标。当有研究告诉你有多少人选择了你设计的内容时，只有用户观察可以告诉你这些人为什么会做出这样的选择。

第二步：选择正确的观察对象。有些时候用户和顾客是两种完全不同的对象和概念。你观察的对象应当是你不了解的人。你需要有计划地去面对面进行观察，并将观察置于一个会出现痛点、能突显需求的环境里。

第三步：观察需要我们走进真实的场景。例如，你接到一个儿童餐椅的设计改进项目，那么你作为一个设计师，最好到家居用品卖场、餐厅等观察用户是怎样选择产品的，而不是直接询问客户。要观察用户在选择同类产品时的对比过程以及他们使用产品的过程，这些观察有利于发现客户的需求。

第四步：用镜头代替眼睛观察。当我们着手准备一个创新项目时，如果很多事物都是初次接触，那么在做用户观察的过程中，要在短时间内搜集、整理、接收大量真实有效的信息一定是非常困难的。这个时候，最好的方式就是用手机、相机将现场一些感觉有启发、有用、有趣的东西拍摄下来,这样在后面就有助于我们回顾现场实况,帮助记忆;同时通过这些照片,再做直接观察,也可能发现现场未来得及发现的场景和事物。

用户观察,帮助我们关注人们没有做的,倾听人们没有说的,通过观察寻找痛点,设计更好的产品。

2.2.2 现场访谈调研

在对与客户相关的人、事、物进行观察以后,通常要对存疑之处进行更深层次的观察,同时还要挖掘和剖析更深层次的原因。这时候,就要学会做调研,通过调研,了解客户的真正痛点。下面给大家介绍一个深层次探索工具——现场访谈调研。

2.2.2.1 现场访谈调研的定义

现场访谈调研就是与用户面对面地交流,希望通过现场访谈来发现问题,了解客户的痛点,从而为获得解决方案奠定基础。

在现场访谈调研开始之前,要根据设计的主题或者需要解决的问题,设计调研问卷,并将调研问卷发给被调研者,让被调研者知道调研的目的、内容及形式,以便事前准备。

2.2.2.2 现场访谈调研的方法

现场访谈调研有三种形式,一是一对一形式,二是一对多形式,三是多对多形式。现场访谈调研的重点不在于提问,而在于让客户多讲。了解他们对主题的见解以及存在的问题、阻力、难点、痛点等;让客户从他们的客户的角度出发,谈谈最终客户的日常活动、亲身体验等,从而探索如何做才能满足最终客户的需求。发现最终客户的需求与客户提供的服务之间的差距,从而找到问题、矛盾的根源。

现场访谈调研还应该关注提问的方式。在调研的过程中,通过提问可以获得相关的信息。问题一般分为开放式问题和封闭式问题。通过开放式问题,例如,"现在的现状如何""客户的不满是什么""客户经常投诉的问题有哪些",来了解讨论主题的整体情况。而在澄清一个问题时,多采用封闭式问题,例如,"客户有无退货""客户喜欢黑色还是白色",等等。通过这样的问题,确认我们的理解是否正确。在了解客户需求时,很多情况下,可以直接提出问题。例如:"你们对产品设计有什么建议?"其目的是探索问题的根源,了解客户的想法,评估问题对客户的影响。

了解了访谈的形式以及提问的方式后,如何能够顺利开展一次访谈?

访谈调研要从具体问题入手,然后进一步拓展。例如:根据与用户的沟通,我们发现销售人员是通过市场活动和专门拜访客户获得销售机会的,那么问题的关键是如果客户没有参加我们的市场活动,并且销售人员没有接触到这个客户,那么如何才能获得该销售机会?访谈调研时不仅可以进一步探索问题,还可以确认客户的真实需求,同时进一步了解我们提供的产品或服务与客户真正需要的产品或服务之间存在怎样的差异。

访谈调研时,还有一点需要特别注意,就是要关注非语言的信息。沟通中所传递的信息7%来自语言、38%来自语音、语调、55%来自身体语言(表情、动作等)。在访谈期间需要关注非语言的信息,例如,受访者是否表现得很为难(皱眉);受访者一直看手表,是不是访谈时间太长了,等等。访谈调研时常见的非语言信息有以下几种。

五官:眉毛上扬表示询问和质疑;眼睛张大表示惊疑、欣喜或恐惧;鼻翼微微掀动可能是心情激动的反应;微笑是肯定的象征,具有向对方传达好意,消除不安的作用。

面部:脸红常是由于害羞和情绪激动;脸色发青往往出现在强烈愤怒受到抑制而即将暴发之前;脸色发白常常是由于身体不适或在精神上遭受了巨大打击。

躯干:呼吸急促时,胸部或腹部会起伏不停,这是极度兴奋、激动或愤怒时的表现;肩部微微耸动也可能是抑制激动、悲伤或愤怒的流露;挺胸叠肚是满不在乎的表现;哈腰弓背是畏缩退让的表现。

四肢:手指轻敲桌面和脚尖轻拍地板可能代表内心焦躁不安;手、手指发颤是内心不安、吃惊的表现;手臂交叉可能是一定程度的警觉、对抗的表现。

上述这些身体语言我们几乎都不陌生,这些非语言信息能够帮助我们看懂被访谈对象的"言外之意",更加准确地了解客户的真实想法。

2.2.3 直观模拟

2.2.3.1 直观模拟的定义

如何做好客户体验,获得真实的客户信息,除了用户观察、访谈调研等深层次探索工具,还可以在获得真实的客户信息后用绘画的形式记录下来,也就是通过可视化激发深层次探索的工具——直观模拟。

2.2.3.2 直观模拟的目标

首先，需要将客户的访谈结果记录下来，并且充分地理解，和客户产生共鸣。

其次，需要直观地理解客户讨论的问题，或者对客户描述的内容做直观展示，从而与客户的理解或者描述保持一致，打开我们的思维和创造力。

2.2.3.3 直观模拟的使用步骤

如果讨论的问题与物体、流程等有关，能够直观地表现出来，那么可以将与客户沟通的内容或者客户描述的情景画出来，如前面提到的"同理心地图"，确保将相关物体的部件相互连接起来，将问题的各要素相互连接起来，辨识它们之间的关系。

第一步：当考虑的问题是物体、环境或者流程时，要求每个人将客户的状态或者问题用画图的形式表现出来，并向客户确认。例如，客户有一辆车，那么是哪种车？然后让客户用大约5分钟的时间将他的车画出来，要画出车的基本特征，并在相应位置标记出来。

第二步：在和客户沟通的过程中，可以将直观模拟图像画出来，然后向客户确认你的理解是不是正确，如果有问题，可以请客户进行校正。

第三步：如果有必要，可以问一些问题，帮助客户将整体进行分解。还是以客户的这辆车为例，可以问：外形或发动机或车轮是什么样的，是混合动力车、电动汽车，还是其他车？如果你有时间，而且希望在某一方面聚焦，就问一些关于这方面的问题。例如："车辆一般在什么样的道路上行驶？"

第四步：前面的三个步骤完成后，每个人向大家展示自己的草图并解释这幅图的含义，作为听众的其他人可以进行提问。

第五步：从大量的信息中，找出主要的问题，画在白板、白纸或便利贴上，并进行讨论。

2.2.3.4 直观模拟使用场景

第一，在访谈的过程中，和客户沟通的时候。

第二，问题陈述已经完成，向客户确认自己的理解是否正确、完整的时候。

第三，需要深层次了解问题实质的时候。

第四，在想法、点子确定以后，需要将想法直观地展现出来的时候。

2.2.3.5 直观模拟工具使用结果

使用直观模拟这个工具，可以让我们对问题加深理解，直观地将物体、环境、流程图画出来，然后和相关人员确认，循序渐进地了解需要研究的对象，比如物体的详细构造以及各部位之间的关系。

【案例分析】

我们接到某企业做一次创新设计思维工作坊的委托。在和企业沟通交流时，首先通过提问，认真听取企业相关人员对于问题的描述，基本了解这家企业的运营流程以及存在的问题。结果发现，每次当这家企业的客户需要产品时，他们一般都提供标准化的产品，而不是为客户定制产品，因为提供定制的产品，成本会很高，而且生产周期会拉长，不便于交付。同时因为这家企业的客户大部分不是这方面的专家，所以就接受了他们的供货方案，签订了合同，付了首付款，企业也交付了产品。在产品使用的过程中，客户还没有付尾款，各种各样的问题已经随之而来。究竟是什么原因导致了这样的后果呢？

企业希望用创新设计思维来帮助他们解决问题。通过访谈、调研，我们画出了一个直观模拟图，有针对性地找出每个节点存在的问题。我们站在客户的角度问了企业一系列的问题，最后发现问题出在客户的信任度上。那么"如何和客户快速地建立信任关系"以及"客户需要得到什么样的价值"就被列为这次创新设计思维工作坊的主题。

这个案例就运用了直观模拟工具，它帮助我们在与客户的沟通过程中，用绘画的方法，直观、快速、有效地与客户交流，获得信息，最后达成共识。

【思考与练习】

（1）围绕自己的创意种子（创意项目）设计一份客户调查问卷，并开展一次访谈调研。

（2）近年来，共享单车成为老百姓的重要出行工具之一，不仅仅因为它的价格低廉，还因为它具有便捷性。但是随着共享单车的使用率越来越高，问题也随之而来，例如，车辆乱停乱放、占用机动车道、占用盲道，等等。如何能在公共环境中，给予人们良好的骑行和停放体验呢？试着用本节讲过的工具，做一次观察并提出自己的见解吧！

2.3 解决问题的方法

2.3.1 如何/为什么图

获得主题之后，我们可以通过如何/为什么（How/Why）图，如图2-4所示，对主题展开讨论，从而更准确地划定主题和讨论的范围。

图2-4 如何/为什么图

2.3.1.1 如何/为什么图的使用场景

第一，追溯讨论问题的根源到底是什么的时候。

第二，怀疑客户不能正确解决此问题的时候。

第三，在向客户提问题，引导客户的想法，寻求新方案的时候。

第四，给定问题的定义太狭窄，希望找到更有意义、更深层次的主题的时候。

第五，希望快速找到给定问题解决方案的时候。

2.3.1.2 如何/为什么图使用步骤

第一步：拿出一张白纸，将讨论的问题写在白纸的中间，然后从下到上问"为什么"的问题，从上到下问"如何"的问题。

第二步：利用便利贴或者直接书写的方式，在白板或者白纸的中部用简单的几个词汇描述需要讨论的问题。

第三步：围绕着需要讨论的问题，问"我们如何改善或者完成……"，用几个想法来实现。将"如何"问题的有关想法列到原始问题的下面，用线将每个想法和原始问题连接起来；对于每一个想法，再问新的"如何"问题，罗列到该想法的下面，并且用线将其连接起来。为了从不同方面分解原始的问题，需要问更多的"如何"，并将答案写在"如何"问题的下方，然后将问题和答案连接起来，这样将会向下组成一个分解问题并给出答案的树状结构。

第四步：现在问第一个"为什么想要做此事"，将它写在所讨论问题的上方；将答案写在"为什么"问题的上面，再向下画线连接问题。依照此方法，将有更多的"为什么"的答案写在该层的上面。

第五步：由下向上画图，并且问"为什么"，找出高层次的答案。在上方写下答案，用直线将答案和相对层次的问题节点连接起来，反复做5次。你将看到一个相互连接的树状结构。

第六步：对于每一个层次，"为什么"的答案向上延展，"如何"的答案向下延展。

【案例分析】
看病为什么这么难

第一步，以"看病为什么这么难"作为问题，我们在这句话上画个椭圆，把它圈起来。

第二步，我们围绕着问题，开始提问："为什么会觉得看病难呢？"有人说"挂号太难"，我们把它写到中心的上方，用向上的箭头表示"为什么"。接着有人说"医院太远"，等等。用同样的方式我们可以写出很多个"为什么"，比如诊疗费太贵、医院人太多、流程太复杂……

第三步，将"如何"问题的有关想法列到原始问题的下方，用线将每个想法和原始问题连接起来。对于每一个想法，再继续问新的"如何"问题，罗列到该想法的下面，并且用线将其连接起来。例如，"如何做能让看病不再难"，我们可以写出增加医院数量及医生数量、降低医疗费用，等等。

第四步，我们回到第一个"为什么"中去，即"挂号太难"，然后继续问"为什么"，并将答案放到问题的上方，比如"医生太少""病人太多"……依照这个方法，将更多的"为什么"写在该层的上面，继续追问，直到想不出来其他"为什么"为止。

第五步，往下提问"如何"，比如"如何做能让挂号不那么难"，答案是"网上预约"，我们写到刚才的问题下方，用向下的箭头表示如何做；"如何能让医院不远"，我们能写出好几个方法，比如建立社区医院、在线医院，等等，同样写到刚才问题的下方。同理，针对"诊疗费太贵"这一点，我们写让诊疗费降低的方法。

这样反复做上几次以后，你将看到一个相互连接的树状结构，如图2-5所示。

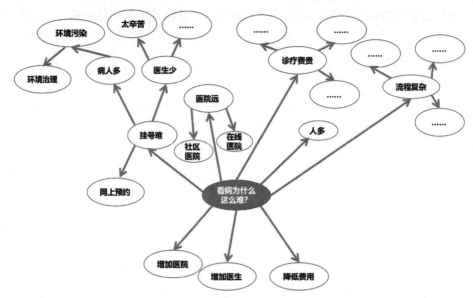

图2-5 用如何/为什么图分析"看病为什么这么难"

2.3.2 深挖因果关系

问题重构的方法很多,除了如何/为什么图,还有在深挖因果关系时常用的5W2H分析法。5W2H分析法又叫七问分析法,由第二次世界大战时期美国陆军兵器修理部所创。它非常简单、方便,易于理解,广泛应用于企业管理和其他相关技术活动,有助于避免考虑问题时出现疏漏。当然,我们也可以将它运用在创新设计思维问题重构上,特别是深挖因果关系的时候。

5W2H中第一个W代表What——是什么?需要做什么工作?第二个W代表Why——为什么要做?第三个W代表Who——谁?事情由谁来做?第四个W代表When——何时?什么时间做?第五个W代表Where——何处?在哪里做?而第一个H代表How——怎么做?方法是什么?也就是How to do?第二个H代表How much——多少?要做到什么程度?费用产出如何? 提出疑问对于发现问题和解决问题是非常重要的。创造力强的人,都需要具有提问题的能力。我们在探索问题时,常常提出为什么(Why),做什么(What),何人做(Who),何时做(When),何地做(Where),如何做(How),多少(How much)。这就构成了5W2H法的总框架。

2.3.2.1 应用场景

第一,当我们讨论一个问题并希望全面了解该问题的时候。

第二，当我们制订行动计划，需要明确谁在什么时间，什么地点，完成什么任务的时候。

5W2H分析法可以帮我们发现未知的事实，揭示因果，找到客户的真正需求。

2.3.2.2 实施步骤

在设计一款产品时，如何运用5W2H分析法来检查产品的合理性？

将一张白纸贴在墙上，团队成员每人拿一支笔和几张便利贴，按照以下步骤将能想到的问题写出来，贴到白纸上。

第一步：What（做什么）。

条件是什么？哪一部分工作要做？目的是什么？重点是什么？与什么有关系？功能是什么？规范是什么？工作对象是什么？

第二步：How（怎样做）。

怎样做省力？怎样做最快？怎样做效率最高？怎样改进？怎样避免失败？怎样增加销路？怎样才能使产品更加美观大方？怎样使产品用起来更方便？怎样降低成本？

第三步：Why（为什么）。

为什么采用现在这个技术？为什么不能让它有响声？为什么要把它设计成红色？为什么要做成这个形状？为什么采用机器代替人力？为什么产品的制造要经过这么多环节？为什么非做不可？

第四步：When（何时）。

何时设计完成？何时制造完成？何时可以销售？何时是最佳营业时间？何时工作人员容易疲劳？何时产量最高？需要几天才算合理？

第五步：Where（何地）。

在何地进行生产？从何处购买原材料？还有什么地方可以作为销售点？安装在什么地方最合适？

第六步：Who（谁）。

这件事的决策人是谁？谁可以做这些事？客户是谁？潜在客户是谁？受益者是谁？

第七步：How much（多少）。

成本预算是多少？尺寸计划是多少？功能参数数据是多少？计划销售多少？

这样，团队成员通过查看大白纸上分类以后的内容，可以更加直观地了解问题深层次的因果关系，如图2-6所示。如果现行的做法或产品经过7个问题的审核已无懈可击，则可以认为这一做法或产品可取。但是如果7个问题中有一个答复不能令人满意，则表示这方面有改进余地。如果哪方面的答复有独特的优点，则可以扩大产品这方面的效用。这样，新产品在设计方面就能克服原产品的缺点，并且继续扩大原产品独特的优点。

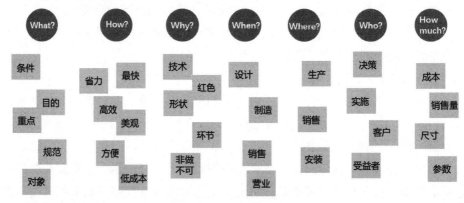

图2-6　5W2H分析法

2.3.3 重构主题

在创新设计思维的整个过程中，最重要的环节是设定主题。很多时候，我们虽然在最开始提出了创意，设定了一个初步的主题，但是要想最终解决问题或者设计出某个产品，我们必须对主题进行重构，使其能更加准确地表达我们的设计意图，从而使整个过程和结果更加符合需求。换句话说，设定合适的主题是解决问题最重要的一步，在重构主题的过程中我们要遵循两个原则，一是找到合适的主题，二是使主题简单明了。

2.3.3.1 找到合适的主题

很多时候，寻找问题比解决问题更困难。

【案例分析】

在《你的灯亮着吗？发现问题的真正所在》这本书中，有这么一个故事。一个城市金融区的中心地带，矗立着一座富丽堂皇的写字楼。这座写字楼刚落成不久，楼高73层，入住率很高，但是电梯的运行速度太慢，租户们怨声载道。

那么，如何解决这个问题呢？

有人说："能不能提高电梯运行速度？""能不能在楼内开挖新的电梯井，加装电梯？""能不能在楼外加装观景电梯？"

也有人说，让所有人都错时上下班就好了，人流被分散，自然就不会觉得电梯慢了……

但是，大家有没有先冷静一下，问问自己：你准备站在谁的角度来解决这个问题？

有些人可能会说："管他谁的角度，问题不都是一样的吗？"当然不一样！你想想，如果你站在物业公司的角度，可以提高租金，这样租户自然会减少，电梯的负担也会减轻，但是总收入不一定减少；或者在楼内通道贴上步行时间与卡路里消耗量的对照表，向在大楼里上班的职员宣传增加运动量的必要性，建议他们走楼梯而不是乘坐电梯。

但是如果站在租户的角度考虑，答案就会不太一样。比如，可以在这座写字楼和旁边的大楼之间建一座大桥，这样租户就可以利用旁边楼里面的电梯。

在这本书中，写字楼高管派出了一个叫彼得的人去解决这个问题。他首先在每层电梯的等候区放了一面镜子。由于虚荣心作祟，等电梯的人即使心急如焚仍会强装镇定，时不时地对着镜子整理下衣衫。因此，抱怨的声音在短时间内得到了缓解。

电梯运行的速度仍旧很慢，一些等得心急的人便开始在镜子上搞破坏，肆意涂鸦。为了解决这个问题，彼得想出的办法是干脆放上一些蜡笔和画板，让那些想画画的人有一个宣泄的地方。这样做，镜子被破坏的问题得到了暂时性的缓解。但是，问题仍然存在。

就这样过了近一年的时间，租户们在不断的抱怨声中度过，彼得也在解决一个又一个问题中艰难前行。直到大厦成立一周年，电梯公司来正常检修。他们在主控制箱里发现了一只老鼠，这只被困的老鼠为了逃命，咬开了其中一个主控继电器，因此，电梯的动力不足，运行速度自然达不到正常标准。发现问题所在后，电梯维修工换了主控继电器。自此，电梯运行慢的问题得到了彻底的解决。

从这个故事中我们不难发现，遇到问题除了要问自己"你准备站在谁的角度解决问题"之外，还需要问自己："这个问题的本质到底是什么？"所以很多时候我们不是找不到解决问题的方案，而是我们根本不知道问题到底是什么。

2.3.3.2 使主题简单明了

一般情况下,主题设定的格式是:"在什么样的条件下,为哪个部门的什么人,设计一个什么样的解决方案。"很多时候,客户是很难直接给出主题的,所以我们在和客户沟通时,要了解他们最棘手、最希望解决的问题是什么,对背景做充分的了解,然后确定需要讨论的主题。如果客户不知道具体如何去定义主题,可以采用抛砖引玉的方式,给客户展示一些以前做过的范例进行参考,也可以直接到客户的环境中进行体验,发现问题,再设定主题。

主题范围不能太宽泛或者太狭窄。太宽泛的主题,大家往往找不到明确的思路,很难在有限的时间内产生合适的想法或解决方案。因此,对于太宽泛的主题需要加以适当的限定。而狭窄的主题会让人没有足够的探索空间,不能进行充分的思考,不能很好地反映问题的整体性。

【思考与练习】

(1)运用如何/为什么图,分析"雾霾天是否该实施机动车限行制度"。

(2)根据你的实际情况,思考如何把5W2H分析法用在毕业设计答辩、项目汇报等不同场合。

2.4 创新项目管理

2.4.1 项目管理概述

在创新设计思维的课堂上,有很多小组,每个小组都有一个创新的想法,也就是一颗创意的种子。如果想把这个创新的想法落地实施,就需要我们把它当作一个项目来管理,从发现到探索,从设计到实施,直至最后予以展示。怎样才能做到呢?那就需要我们一起来了解项目管理,用项目管理的知识协助我们将创意落地实施。

自1996年开始,项目管理知识体系在中国,乃至全球都受到政府及企业的广泛关注和重视。项目管理知识体系目前正越来越多地在国民经济、国防、科教、基础建设、医院、金融、环保、物流、通信、电子、IT等行业中广泛应用。

项目管理可以是一个独立的工种，现在很多企业单独设立了项目管理部，由具备项目管理资质的专业人员统一管理整个公司的大小项目。

项目管理真的很重要吗？是的！项目管理对于一个企业和组织的重要程度，相当于亲情、友情、爱情对于一个人的重要程度，在整个生命周期的各个阶段都需要。

在课堂上对教学内容进行项目管理，目的是让大家在创新项目实施过程中，可以用项目管理的知识、工具，对创意种子进行管理，让创意实现的过程井然有序，提高效率和质量，帮助同学们逐步实现自己的创新想法。

在项目管理中，所有项目都受到三个要素的制约——范围、时间、成本。这三个要素互相影响。所以，这三个要素中若有一个没有得到满足，那这个项目就会出现以下三种情况。第一，不能完成当初承诺的任务，项目失败；第二，不能如期完工，只能延期交付；第三，费用超出预算。

所以，同学们在设定项目目标的时候，一定要实事求是、量力而行。很多创新都是逐步进行的。大家可以把项目拆分成几个阶段，把每个阶段当成一个项目来管理，然后逐步实现。

一般来讲，项目管理包括以下九大过程。

1. 项目整合管理

第一阶段：项目启动。启动一个项目，必须有项目章程，明确知道要干什么，有多少资源，谁说了算，要达到什么目标，等等。

第二阶段：制订项目计划。项目管理就是一个典型的需要有周密计划的工作，需要明确从哪里下手。每次项目启动后，项目负责人和相关人员沟通制订出项目管理计划，然后就可以开工了。

第三阶段：管理、监控与变更。管理的过程就好像举办一场颁奖晚会，作为项目经理，当然希望一切都按照预演流程顺利进行。可是有时候，有计划就会有变化，我们永远不知道下一秒会发生什么。所以，这个时候，管理、监控和变更就尤为重要。

第四阶段：项目收尾。项目收尾，对外需要交付项目结果，可能涉及合同、钱款等；对内，则需要进行工作总结。

2. 项目范围管理

项目的范围管理，是在收集了项目需求的基础上，界定本项目应该做的事情。项目的特性必须清晰，绝不能模棱两可，在此基础上进一步明确需要做的工作，才能生产出所需要的产品。也就是说，产品范围决定项目范围。

3. 项目时间管理

项目的时间管理，就是告诉大家，按照约定时间交付项目成果。这句话看似简单，但是很难做到。所以，做项目计划的时候，一定要考虑时间这个主线，不能由着全组人的性子来。

4. 项目成本及费用管理

"时间就是金钱"这句话用在项目管理上再合适不过了。虽然在创新设计思维的课程中，大家的主要任务是学习如何创新，如何把创意种子落地实施；但是，大家也要记住一点，管理好自己的钱或者投资人的钱，也是种能力。

5. 项目质量管理

上文提到，项目的核心三要素是范围、时间、成本，并没有包括质量，但质量却是三者围绕的核心。在项目管理中，需要在承诺的项目完成时间、成本的前提下，不打折扣地交付合格产品。在同学们实现创意种子的过程中，一定要尽量让自己的项目质量过关。

6. 项目人力资源管理

项目管理在很大程度上是对人的管理，小组成员要在规定的时间内完成共同的目标，只能依靠严格的管理工具。成立项目组，要有明确的人员分工。可以制作项目团队的组织结构图，清晰地展示项目团队中每个成员的责任分工。

7. 项目沟通管理

在我们的创新设计思维课上，团队成员来自四面八方，而且都是喜欢创新的人，思路比较活跃。在大家没有正确清晰地理解新项目的工作内容之前，需要项目负责人与团队做好沟通。可以制作一个"项目沟通计划表"，让团队成员更有效地沟通。

8. 项目风险管理

项目风险管理包括风险识别、评估风险等级、事先预防、制订风险响应计划。创新的风险，不仅指创新项目结果失败，还包括工作的方法不正确。创新项目必须在初始阶段，尽可能地识别过程中的风险，要么规避，要么面对，风险管理也要贯穿项目始终。

9. 项目采购管理

做项目肯定需要采购，这里的采购，不仅包括物质资料的采购，也包括人力资源的采购，要明确需要什么样的资源，需要多少等。每一个项目都需要制订采购计划。在创新项目中，有些工作依靠本项目小组内部的能力难以解决，可以考虑聘请外援，或者部分外包，这也属于采购行为。

本小节结合创新设计思维课程的特点和实现创意种子的需求，介绍了项目管理的基本知识，那么，大家是不是对自己的创意种子的落地有了更进一步的规划？尤其是每一个组的组长，更需要做好创意种子项目的管理。

2.4.2 SMART原则

创新设计思维课程中的项目都是针对解决一个问题而设定的，解决问题当然必须有目标，创新设计思维也一直强调以目标为导向。因此，在项目开始阶段，制定目标变得尤为重要。

SMART原则，是管理大师德鲁克在《管理实践》中提出的目标管理方法，按照这个原则制定出的目标才能保证可实施、可跟进、可考核，也更容易实现。而要想制定出符合SMART原则的目标，就需要让该目标符合SMART原则的特征。

在SMART原则中，每一个字母代表一个衡量标准。

S—Specific，针对性的或具体的；M—Measurable，可以衡量的；A—Attainable，可以达到的；R—Relevant，相关的；T—Time-bound，有时限性的。一个合格的目标必须同时符合这5条标准。

接下来，详细介绍一下这5个原则。

1. 目标要具体

目标是否具体的判断标准是，目标是否能用具体的语言清楚地描述出来，是否明确。举个例子："我6月份的目标是去旅游。"这就是典型的目标不具体。要想具体，应该说："我要在6月份去云南大理旅游。"只有目标具体化，才能明确地传达给每一位成员，让整个团队对目标的理解一致。

2. 目标可衡量

什么是目标可衡量？可衡量就是要有明确的、能被量化的数据指标。有人说"我想学习更好"，这就是个很难衡量的目标，无法衡量就无法判断这个目标能否实现。因为我们不知道怎么才算"学习更好"。所以，目标里不能缺少数据，这个目标可以修改为"我要在这学期开设的所有课程的考试中都达到85分"。制定目标后，你需要先问自己："我的目标能不能被衡量，有没有被量化？怎样才能判断目标是否达成？"

3. 目标可实现

制定目标时要确保目标是可实现的，不要一下子把目标定得太高，当自己无法达成目标时会有很大的落差感，对自己的信心也会造成打击。

4. 目标要相关

设定的目标必须和自己的项目相关联。假如，我们的项目是设计一款多功能垃圾桶，却将目标定为"让千家万户使用这款垃圾桶"，显然超出了项目范围。用一个形象的比喻就是，设定目标是在捡芝麻，而不是摘西瓜。制定的目标范围越广，则偏离正确的方向越远。

5. 目标要有时限性

时限性就是指达成目标要有时间限制。有了时间限制，才能更好地控制目标，如果没有时间限制，目标就会被其他更紧急的事务排挤。所以达成目标一定要有时间节点，这样能督促我们按照定好的时间节点去推进工作，保证项目的完成效率。

在创新设计思维的课堂上，每个小组都要用SMART原则检验自己的项目，看所制定的目标是不是符合具体、可量化、可实现、相关性和时限性这5项原则。如果不符合，那就不能算是真正意义上的目标，就需要重新制定。

在一次课堂上，一个小组的项目是设计智能垃圾桶，他们给自己制定的目标是在本学期的课程结束前制作一个智能垃圾桶，通过红外感应可以自动开关桶盖，解决手里拿着垃圾没办法打开桶盖的问题。

运用SMART原则对该目标进行检验，可以得出以下结论。

S：做一个可以自动开关桶盖的智能垃圾桶。
M：通过红外感应，可以自动开关桶盖就是成功标准，可以衡量。
A：技术上是可行的，资源需求也不高，能够满足。
R：这是个对生活有用的项目，可以改善生活质量。
T：一个学期内可以实现。

再次强调，设立项目目标是非常重要的一步。如果项目目标不正确，那整个项目管理的过程将会困难重重。

2.4.3 时间管理

对于创新的项目，时间管理尤为重要。在创新设计思维的课程中，我们要管理好项目的时间,也就是我们需要花费多长时间来完成这个项目。首先要进行项目工程分解。"要做的事情太多了,一下子想不清楚,不知从哪里下手。"这是刚开始接触项目管理时很容易产生的困惑。对此有什么解决办法呢?

为了让我们的创新项目能够顺利落地,本小节将讲述时间管理。

2.4.3.1 什么是时间管理

时间管理是自我管理的核心,它是指在相同时间消耗下,为提高时间利用效率而进行的一系列控制工作。

2.4.3.2 时间管理的特征

时间管理具有三个主要特征。

第一,不可逆转性。时间是一维矢量,在宏观上具有无限性。

第二,不可储存性。时间是客观存在且无法储存的,在微观上具有有限性。

第三,公正平等性。时间对于每一个人都一视同仁,具有公正、平等的特征。

2.4.3.3 时间管理的原则

时间管理包括以下三个原则。

第一,积极能动原则,即主动选择和确立自己的人生价值。

第二,计划控制原则,即根据个人或组织的目标和使命,合理分配时间。

第三,实践发展原则,即人们不断学习新的时间管理方法和技术,并在实践中加以运用、创造和完善。

对时间管理做了基本的了解后,现在介绍两个时间管理的工具。

第一个是帕累托原则。

帕累托原则又称重要的少数、微不足道的多数,或二八定律、犹太法则等,是19世纪末、20世纪初由意大利经济学家及社会学家帕累托提出的,最初用于经济领域中的决策。这一原则是说在任何一组人或物中,最重要的通常只占一小部分,因此对于重要但只占少数的部分必须分配更多的资源,更注重对它的管理。在时间管理中运用帕累托原则,有助于应付一长列有待完成的工作。将一大堆需要完成的工作按照重要程度排序,先集中资源解决最重要的问题,然后再逐一解决相对次要的问题,直到将工作全部完成。

第二个是坐标法,也是四象限法则,如图2-7所示。

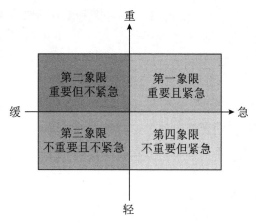

图2-7 四象限法则

一个人在同一时间处理两个或两个以上的任务是非常困难的，一直保持高效更是难上加难，因此管理者应把时间花在重要的、紧急的任务上，而不是那些不重要、不紧急的事情上。如果以"缓—急"为横坐标，"轻—重"为纵坐标，我们可以建立一个如图2-7所示的时间管理坐标体系，并把各项事务放入这个坐标体系。该坐标体系可以大致分为4个板块，即重要且紧急、重要但不紧急、不重要但紧急、不重要且不紧急。

我们通常会把紧急的事情放在第一位，这不是管理时间的有效办法。在最初，我们可能会重视事情的重要程度，做的是"重要且紧急"的事情，但应避免习惯于"紧急"状态，否则，我们会不由自主地喜欢上"到处救火"的感觉，把自己当成"救火队员"，转而去做那些"紧急但不重要"的事情。

而四象限法的划分有利于我们对时间进行深刻的认识及有效的管理。

第一象限包含的是一些紧急且重要的事情，这一类事情具有时间的紧迫性和影响的重要性，无法回避也不能拖延，必须首先处理，优先解决。它表现为重大项目的谈判、重要的工作会议等。

第二象限的事件在时间上不具有紧迫性，但是它具有重大的影响，对于个人或者企业的生存和发展以及周围环境的建立与维护，都具有重大的意义。

第三象限的事件大多是些琐碎的事，没有时间的紧迫性，也毫无重要性可言，如发呆、闲聊等，这是饱食终日、无所事事的人的生活方式。

第四象限包含的是那些紧急但不重要的事情，因此这一象限的事件具有很大的迷惑性。很多人认识上有误区，认为紧急的事情都显得重要，实际上，像接听无谓的电话、在午餐时间叫外卖等事件并不重要，但看起来很紧急，因此很容易误导人们放下手上的重要任务而优先处理它们。比如，对学生来讲，上课学习是重要且紧急的，但是总有人在课堂上溜出去接听电话。这无疑会浪费宝贵的时间。

第一象限的事情重要而且紧急，必须优先去做，但由于时间原因人们往往不能做得很好。第二象限的事情很重要，而且会有充足的时间去准备，有充足的时间去做好。第三象限的事情人们没必要去做。第四象限的事情是没有意义的，但是又很难缠，因此，必须想方设法走出第四象限。可见，投资第二象限的回报最大，同时必须设法走出第四象限。

所以，如果你总是有紧急又重要的事情要做，说明你在时间管理上存在问题，应设法减少它。我们要尽可能地把时间花在重要但不紧急（第二象限）的事情上，这样才能减少第一象限的工作量。对于紧急但不重要的事情，最好授权给别人去做。不重要也不紧急的事情尽量少做。

时间管理就是用技巧、技术和工具帮助人们完成工作，达成目标。时间管理的目的不是把所有事情做完，而是更有效地运用时间。具体包括两个方面，一是决定什么事情应该做，什么事情不应该做；二是决定哪些事情要优先做，哪些事情可以以后再做。

大家可以基于"时间管理"的理念和方法，分析自己在时间管理上存在的问题，并且有计划地提升自己的时间管理能力。

时间对于我们每个人来说都是一样的，如何合理利用时间值得每一个人深思。

2.4.4　行动计划图表

行动计划决定了行动步骤，它是创新设计思维课程中，创意项目问题求解的重要组成部分，有时也称规划。制订行动计划的关键是高效地找出能达成既定目标的步骤。

我们将想法落地实施时，需要制订行动计划，明确在项目落实的过程中有哪些关键节点，在每个节点应该完成哪些任务，将项目流程视觉化，方便项目的推进落实。

在做项目管理时，有两个图解行动计划的工具重点介绍如下。

2.4.4.1　行动计划表

关于行动计划表，我们一般在两种情况下使用。

第一，设计思维工作坊制订行动计划的时候。

第二，需要结束当前讨论的主题，追踪后续行动的时候。

行动计划表这个工具的使用步骤如下。

第一步：制作一张表格贴在墙上。

第二步：每个小组围绕主题，讨论需要完成的任务，达成共识。把第一个任务写在左边第一列第二行格子里；把第二个任务写在左边第一列第三行的格子里；依次类推。最后，把讨论确定的相关任务都写在左边第一列。

第三步：基于列出的任务，向组员明确指出完成每项任务所需的时间，经过大家讨论，达成共识，以日、周或者月作为时间节点，写在最上面一行。

第四步：大家讨论完成第一个任务具体需要做什么，由谁来做，将讨论结果写在第一个任务与预计完成时间对应的格子里。

第五步：以此类推，确定每一项任务包含的具体事项和执行人。

完成了以上的5个步骤，我们就完成了行动计划表的基本讨论，见表2-1。

表 2-1　行动计划表

任务	时间点一	时间点二	时间点三	时间点四
任务一	具体事项 执行人①			
任务二		具体事项 执行人②		
任务三			具体事项 执行人③	
任务四				具体事项 执行人④

通过行动计划表，将需要完成的目标分解成若干个不同的任务，然后按照时间节点将任务分解，分配给不同的人，制订好行动计划。

我们的行动计划表都是以小组为单位完成的，这样会有两个好处。第一是将一个复杂的任务分解成可管理的工作区块，以激发大家对任务的责任感。第二是由团队合作制订行动计划，这样可以提升项目管理流程的质量，避免忽视重要步骤，使项目管理更加具有条理性和战略性。

2.4.4.2　甘特图

在做项目时，有一个工具可以与行动计划表结合使用，这样既可以明确任务，又可以督促任务的完成情况，还可以控制项目的关键路径，预定关键路径上各个项目的完成时间，也能起到把控整体项目完成时间的作用。这个工具就是"甘特图"，如图2-8所示。

第一，横轴是时间，可以根据项目总体周期选择不同的时间单位。

第二，把任务按照时间顺序铺设开，体现彼此的逻辑关系。

第三，可以有几项任务同时进行，明确展示时间上是否冲突。

第四，将重大时间节点及交付物，用红色三角在横轴线上标出，一目了然。

项目名称：智能鞋子防水装置
小组名称：WE
小组成员：虎成忠，王一宁，梁楠，何萌，罗睿清

任务号	任务	负责人	开始时间	结束时间	天数
1	任务1 原型	虎成忠	11/14/18	12/01/18	17
1.1	设计原型	虎成忠,王一宁	11/14/18	11/16/18	2
1.2	原型材料收集	何萌	11/16/18	11/18/18	2
1.3	原型制作	虎成忠	11/18/18	12/01/18	13
2	任务2 视频	王一宁	12/02/18	12/14/18	12
2.1	拍摄	罗睿清	12/02/18	12/07/18	5
2.2	剪辑	梁楠,王一宁	12/07/18	12/10/18	3
2.3	后期	罗睿清	12/10/18	12/14/18	4
3	任务3 演示PPT制作	梁楠	12/02/18	12/14/18	12
3.1	PPT素材收集	何萌	12/02/18	12/06/18	4
3.2	PPT制作	梁楠,何萌	12/06/18	12/14/18	8

图2-8 甘特图

在项目管理工作中，每天看一眼项目计划进度图，是许多项目经理的工作习惯，如此可以做到实时掌控全局和进度。项目进度图的时间单位越精细，对项目进度的把握越准确。

图解行动计划的两个工具是我们需要熟练使用的，以图表的形式显示活动流程和进度，易于理解和掌握，也对我们的创意种子落地有很好的监督及纠正作用。

【思考与练习】

（1）影响一个项目成功的主要因素有哪些？

（2）为小组的创新项目设计一个时间计划表，并用图解计划的工具展示出来。

第3章

深挖团队狂野想法

3.1 头脑风暴

3.1.1 传统头脑风暴

当我们提出了创意的种子,并运用创新设计思维的工具对主题进行了重构,接下来就需要将创新落地。本章将学习如何运用创新设计思维的理论及工具来进行创意设计。

创新的关键是要有创意,而创意起源于想法。传统的想法是运用逻辑推理的方法得出结论,而创新的想法是利用我们的右脑思维,跳出问题的表面现状,朝着其他的方向思考,从而产生新的想法。在这一过程中,我们经常会使用头脑风暴。

头脑风暴最早是精神病理学上的用语,指精神病患者的精神错乱状态;现在我们常常用它来表示无限制的自由联想和讨论,其目的在于产生新观念或激发创新的想法。

头脑风暴法是由美国创造学家亚历克斯·奥斯本(Alex Osborn)于1939年首次提出,在1953年正式发表的一种激发思维的方法。此方法经过世界各国创造学研究者的实践和发展,不断修改和完善,经常被用于会议讨论。

【案例分析】

有一年,美国北部地区非常寒冷,大雪纷飞,电线上积满了厚厚的冰雪,那种大跨度的电线常常被积雪压断,严重影响了人们的日常生活。

许多人试图解决这一问题,但都没能成功。

后来,电信公司的经理召开了一种能让头脑卷起风暴的座谈会,邀请不同专业的技术人员参加会议,并要求他们遵守以下4项原则。

第一,自由思考。他要求所有参会者必须尽可能地解放思想,放飞自我,无拘无束地思考问题并畅所欲言,不要去顾虑自己的想法或说法是不是"离经叛道"或者"荒唐可笑"。

第二,延迟评判。他要求所有参会者在会上不要对他人的设想评头论足,不要随意发表"这主意太棒了""这种想法太离谱了"之类的"捧杀句"或"扼杀句"。任何人在会上提出的想法,都会在会后组织专人进行讨论和评判。

第三,以量求质。他鼓励参会者尽可能多而广地提出想法。

第四，结合改善。他鼓励参会者积极进行智力互补，在提出独到见解的同时，注意思考如何把自己或别人提出的两个或更多的设想结合成另一个更完善的设想。

按照这种会议规则，大家七嘴八舌地议论开来。有人提出可以设计一种专用的电线清雪机；有人想到用电生热来融化冰雪；也有人建议用震荡技术抖掉电线上的积雪；还有人提出带上几把大扫帚，乘坐直升机去扫电线上的积雪。大家觉得是不是有点意思？

尽管当时大家心里觉得滑稽可笑，但在会上也无人提出批评。相反，参会者中有一个工程师正在冥思苦想解决方案时，听到有人提出用飞机扫雪的想法后，突然灵光一闪，在此基础上提出了一种简单可行且高效率的清雪方法。他的想法是，每当大雪过后，出动直升机沿积雪严重的电线飞行，依靠螺旋桨高速旋转所产生的气流将电线上的积雪快速扇落。

他的新设想顿时又引起其他参会者的思考与联想。不到一小时，参会者就提出了九十多条新点子。

会后，公司组织专家对这些设想进行分类和论证。专家们认为设计专用清雪机，采用电热或电磁振荡等方法清除电线上的积雪，虽然在技术上可以实现，但研制费用太大，周期比较长，一时难以见效。而经过现场试验，发现用直升机扇雪真的很有效果，一个很久以来悬而未决的难题，终于在头脑风暴中得到了巧妙的解决。

3.1.2 头脑风暴的九大规则

在实际工作中，仅使用传统的头脑风暴成功的概率并不高，其中很大一部分原因在于会议的流程设计与控制问题。在创新设计思维中，我们对传统的头脑风暴进行了修改，在之前的基础上重新总结了头脑风暴的九大规则。

1. 聚焦主题，不跑题

不跑题对于任何一场会议来说都是一个最基本的原则，但很多人在讨论的时候不知不觉就离题越来越远，并且很难再拉回到主题上，导致这种结果的原因主要包括三个方面。首先是能力不足，虽然知道要解决什么问题，但是由于自身的能力和水平有限，不知道该怎么去做；其次，是思绪混乱，想到什么就说什么，没有条理；最后是主题太多，既想解决这个问题，又想解决那个问题，最后反而什么都没讲明白。

2. 不能说"不"

绝对禁止说"不"是头脑风暴法应该遵循的一个重要原则。参加头脑风暴的每个人都不能对别人的设想提出否定意见，因为否定对创造性思维会产生抑制作用。有些人习惯在讨论过程中表现得非常自谦，而过于自谦甚至有些自我否定性质的说法同样会破坏会场气氛，影响大家的自由畅想。

3. 不急于判断，不批评、不指责

头脑风暴，必须坚持当场不对任何设想作出评价的原则。一切评价和判断都要延迟到会议结束以后才能进行。这样做，一方面是为了防止评判约束参与者的积极思维；另一方面是为了集中精力开拓思路，鼓励创造性设想的大量产生。批评会将创意扼杀在摇篮中。

4. 基于他人的想法获得更好的想法

鼓励巧妙地利用和改善他人的设想，这是激励的关键所在。每个参会者都要从他人的设想中激励自己，从中得到启发，或补充他人的设想，或将他人的若干设想综合起来提出新的设想。

5. 参会人员一律平等

所有与会人员，无论是领导还是员工；无论是该方面的专家，还是其他领域的学者，或是该领域的外行，一律平等。每个人的设想都要记录下来。

6. 鼓励狂野的点子

鼓励参加者放松思想，让思维自由驰骋，从不同角度、不同层次、不同方位，大胆地展开想象，尽可能地标新立异，与众不同，提出独创性的想法。

7. 点子多多益善

头脑风暴的目标是获得尽可能多的设想，追求数量是它的首要任务。在某种意义上，设想的质量和数量密切相关，产生的设想越多，其中的创造性设想就可能越多。

8. 以客户为中心

创新设计思维中提到的以客户为中心，也就是以客户的客户——最终客户的需求为中心，在进行头脑风暴时也要遵循这一原则，以客户为中心，不断挖掘最终客户的潜在需求。

9. 每张便利贴只写一个点子

为了方便参会者回忆自己提出的设想并及时了解他人提出的设想，需要用便利贴记录大家提出的点子并贴在醒目的位置。这时我们要注意，每张便利贴上只能写一个点子。

3.1.3 平行思维：6顶思考帽

头脑风暴是我们在讨论问题时经常采用的方法。但是如果只使用传统的头脑风暴法，在各抒己见的同时往往容易发生争论，难以聚焦。为了避免这种情况，就可以使用"6顶思考帽"。它是英国学者爱德华·德·博诺博士开发的一种思维训练模式。它采用了平行思维，避免将时间浪费在互相争执上。运用6顶思考帽，可以将混乱的思路变得清晰，使团体中无意义的争论变成集思广益的创造，使每个人都富有创造性。

6顶思考帽是指在团队讨论的过程中使用6种不同颜色的帽子来代表6种不同的思维模式，如图3-1所示。

白色代表中立、客观。戴上白色思考帽，需要收集已知的或者是需要的信息，并且只能是中立、客观的事实和数据。

黄色代表积极、正面。戴上黄色思考帽，需要从正面考虑问题，表达乐观的、满怀希望的、建设性的观点，探究价值，帮助人们发现机会。

黑色代表谨慎、负面。戴上黑色思考帽，可以提出否定、怀疑、质疑的看法，合乎逻辑地进行批判，找出逻辑上的错误，帮助人们控制风险。

蓝色代表冷静、归纳。戴上蓝色思考帽，可以控制和调节思维过程，并做出结论，可以说它是思维中的思维。

红色代表直觉、情感。戴上红色思考帽，可以表现自己的情绪，还可以表达自己的直觉、感受、预感等。

绿色代表创意、巧思。戴上绿色思考帽，寓意富有创造力和想象力，需要寻求更多的解决方案和可能性，从而获得更有创造力的想法。

图3-1　6顶思考帽

【案例分析】

运用6顶思考帽的思考方式分析和讨论：早餐到底该不该喝豆浆？

第一步：分小组进行，每个小组有一个主持人，他根据讨论的主题，事先安排6顶帽子的顺序。比如先戴白色帽子（陈述问题），接着是黄色帽子（提出优点），然后是黑色帽子（提出缺点）、绿色帽子（提出可行性方案）、红色帽子（发表主观感受），最后是蓝色帽子（总结陈述，给出结论）。

第二步：在墙上贴一张大白纸，按顺序写出6顶帽子。

第三步：主持人组织小组成员按照顺序，分别将自己的想法写在便利贴上，并且贴到相应的位置。如果发现相同、相似的想法，可以删除重复的或者进行整合。

第四步：每个颜色的帽子贴完后，小组一起进行聚类，对聚类的结果进行标记。

第五步：所有颜色的帽子都贴完以后，小组在主持人的引导下进行讨论，最终得出结论。6项思考帽的实施过程，如图3-2所示。

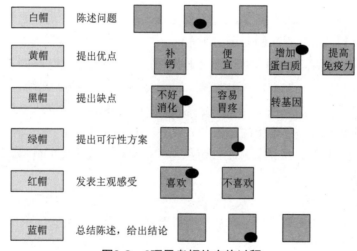

图3-2　6顶思考帽的实施过程

将每种颜色帽子的讨论结果进行聚类。

白色帽子：为了增加营养，早餐该不该喝豆浆。

黄色帽子：增加蛋白质。

黑色帽子：肠胃不好的人喝了不易消化。

绿色帽子：根据身体情况制订早餐豆浆计划。

红色帽子：我喜欢这个方案。

蓝色帽子：喝豆浆对身体是有好处的，但是也要根据个人体质来进行选择。

因此，我们最后得出结论：喝豆浆对身体是有好处的，但是也要根据个人体质来进行选择。

6顶思考帽在使用的过程中没有绝对固定的使用顺序，可以将同一个颜色的帽子使用多次，也可以不使用某种颜色的帽子，还可以循环迭代。

在多数团队中，团队成员被迫接受团队既定的思维模式，不能有效解决某些问题。运用6顶思考帽模式，团队成员不再局限于某种单一的思维模式，而且思考帽代表的是角色分类，是一种思考要求，而不代表讨论者本人。尽管6顶思考帽在团队讨论中应用非常广泛，但是对于我们每一个个体而言，6顶思考帽是否有同样的效用呢？

我们可以设想一下，一个人正需要考虑某个任务或计划。那么，他在考虑的时候，很可能遇到两种情况。一种是头脑一片空白，毫无头绪，不知道该如何开始；另一种是头脑一片混乱，无数的想法搅在一起，形成一团乱麻，不知道该如何整理这些头绪。那么，在这种情况下，他可以先稍稍冷静一下，然后按照6顶思考帽的使用规则，一条条地分析下去，这样他的问题可能就会得到解决。

除此以外，6顶思考帽也可以作为书面沟通的框架。例如，用6顶思考帽的结构来组织撰写报告、论文等。

3.1.4 创新头脑风暴

6顶思考帽最大的优势在于，对任何一个问题来说，都可以从6个维度来进行讨论，避免了相互之间的争论，加快了运用头脑风暴法获得方案的速度。但它的缺点是，对于某些具体问题，有时无法仅用6顶思考帽来解决。此时，就需要用到其他解决问题的整体流程工具，如创新头脑风暴。

【案例分析】

当年，戴尔电脑网上下单的销售模式弱化了专卖店和分销商的作用，从而降低了成本，这一模式获得了客户的一致好评。小米公司将戴尔的营销模式搬到手机营销上，并且将"饥饿营销"发扬光大，这就用到了创新头脑风暴的一种工具——行业借鉴。

后来，MINI COOPER在汽车行业实现个性化生产，希望实现大规模定制，这是一大创新。

工业4.0的核心之一就是通过互联网和物联网实现大规模定制，这是值得很多行业借鉴的方案。2020年销售火爆的新能源车——五菱宏光MINI EV也借鉴了这一方案。

当五菱发布这辆全新的微型纯电动汽车时，很多人并不看好它的市场前景。但是宏光MINI EV随后的市场表现，让人刮目相看。2020年7月上市当月销量就达到了0.73万辆，第二个月达到了1.5万辆，到9月则突破了2万辆，11月份达到惊人的3.3万辆。它打破了全球范围内新能源汽车单月销量的世界纪录，甚至连新能源汽车界的"大佬"特斯拉汽车也望尘莫及。

五菱宏光MINI EV之所以销售火爆，除了定位准确、售价低廉外，它受年轻人追捧的另一个原因就是引导了用户的个性化改装。刚上市不久，宏光MINI EV就积极地与喜茶等潮牌展开联动，尝试拉近与年轻群体的距离，如图3-3所示。之后冠名音乐节、T台走秀等操作，更是打破了宏光MINI EV与潮流玩家们的隔阂，让"年轻""潮酷"的产品形象深入年轻用户们的心。

根据五菱官方数据，宏光MINI EV的"90后"用户占比达到72%，年轻化趋势十分显著；女性车主占比超过60%，该车型被一群可爱的"五菱少女"所青睐；销量最高的城市是上海。如今，宏光MINI EV已经不仅仅是一台代步车，而是化身为大人们的"大玩具"，进阶为中国年轻时尚社交新装备。

图3-3　五菱宏光MINI EV喜茶联名款

行业借鉴是进行创新设计时使用的工具，通过借鉴其他行业的先进经验和奇特的运营模式，借鉴其他人的优秀做法，借鉴其他企业的广告创意，获得新的想法，走出本行业原来"标准"的运营模式，挑战创新运营模式，这也是创新头脑风暴的一种方式。当然，类似的还有品牌借鉴工具，它是将不同品牌的先进经验和模式移植到自己的企业，得到一个混合的创新型企业。

我们可以任意挑选一个行业或者一个著名的企业——可能不是你客户所在的行业，讨论这个行业或者企业的运营模式，探索如果你的客户也采用这种运营模式，将会得到什么结果。

在团队讨论前，我们可以给参与者提前布置作业，要求对这个行业或者企业进行前期调研、查阅资料，做好充分的了解。然后每组分两张大白纸，并将大白纸并排贴到墙上。在左边的大白纸的左上角写上"参照企业"，在右边大白纸的左上角写上"点子"。挑选一个与客户行业完全不同的企业，但是这个企业在自己的领域有着非常优秀的表现，辨识出其相对先进和相对落后的两方面经验。接下来，小组中的每个成员将这个行业的做事方式以及自己所认为的先进做法、体验等写到3张相同颜色的便利贴上，并将其横向贴到一张A4纸上。在写的过程中不允许讨论，这样相当于每人贡献了3条想法。然后将A4纸以顺时针方向传递给下一位组员。接到A4纸的组员先认真阅读前一位伙伴提出的3条想法，并在此基础上结合自己的想法，在这3张便利贴下面对应再写出3条想法，要求不能和刚才看到的这些点子重复，也不能和自己原来写好的3点重复，这样相当于每个人贡献了6条想法。

全部写完后，每人将自己手中A4纸上的6条想法贴到"参照企业"的大白纸上并大声念出来，这样可以让小组成员都听到。组长带领大家思考如何将参照企业的优秀之处复制到自己的企业中，比如将小米的"饥饿营销"搬到自己的企业，该如何做；将自助开发借鉴到自己的企业，可否改变客户的参与度，等等。每个人贡献出自己的点子，并将其写到右边的大白纸上。做完后，小组成员一起讨论，看看是否还有其他的做法，最后小组汇报自己的讨论结果。

【思考与练习】

在你的生活中有哪些创新头脑风暴的案例？和朋友们一起分享、讨论吧！

3.2　创新设计思维的通用方法

3.2.1　独立启发共享

在创新设计思维里,我们强调不批评、不议论、不指责,独立思考,但是在实际执行的过程中,由于某些团队成员的身份和背景具有特殊性,比如领导或权威人士,容易影响大家独立思考、各抒己见。有时我们会设定一些小的惩罚措施,但这样很难杜绝大家的惯性思维,有时惩罚也会打击大家的积极性。杜绝批评、议论,可以根据需要采用适当的工具,"独立启发共享"这个工具,就是在长期的创新设计思维工作坊中总结的经验,让不批评、不议论的规范得到落实。

3.2.1.1　独立启发共享的目标

在创新设计思维课里,在任何一个出点子、给想法的过程中,让大家安静地独立思考,不批评、不议论、不指责,不说"不可能",大胆提出自己"狂野"的想法,并且在别人想法的基础上提出更狂野的点子和想法,这就是独立启发共享这个工具的目标。

3.2.1.2　独立启发共享的使用

1. 使用场景

在做创新设计思维工作坊的时候,一般在5种情况下可以使用独立启发共享这个工具,它有助于我们快速完成任务。

第一,领导或者权威人士是小组的成员之一,员工担心讲真话会引发领导的不满时。

第二,在讨论现状,指出领导或者公司的"错误"时。

第三,希望快速获得更多的点子和想法,以避免没完没了的讨论耽误时间时。

第四,渴望独立思考,不希望受外界任何影响时。

第五,希望在别人想法的基础上获得更好的灵感时。

2. 使用条件

人数:2~10人/组。

时间:8~15分钟。

3. 使用步骤

第一步:准备道具。每个创新小组有若干张大白纸或者一块白板,小组成员每人一支黑色记号笔、一张A4纸和6张同种颜色的便利贴。

第二步：针对讨论的主题和要求，将自己的想法、点子或者问题以关键词的形式写到3张便利贴上，字要尽量大，每张便利贴上不要超过10个字，每张便利贴上只写一条想法，以便拍照整理的时候可以看清楚。

第三步：完成3条内容的书写后，按顺时针方向传递，即将你写好的A4纸交给左边第一位同伴。等每个人都拿到上一位同伴传来的A4纸后，在同伴写出的3点建议下贴上3张增加了自己想法的便利贴。

比如在讨论环保问题时，上一个人贡献的建议是"出行拼车"，你可能得到启发，提出做一个拼车App；当你看到前人贡献的是"单双日限行"，你可能想到"骑自行车出门"，等等。

第四步：当A4纸上的所有6个点子都做完后，大家站起来，到已在墙上贴好的大白纸或者白板前，将自己拿的A4纸上的6个想法或者点子等贴到大白纸或者白板上。注意，一定要一边贴，一边大声朗读给大家听。

第五步：所有人都完成后，在组长的带领下，将内容进行分类。这时就体现出便利贴的优势了，可以将完全相同的内容去掉，也可以根据类别随意移动便利贴。

第六步：分类后，如果提出新的建议，获得新的启发，产生更好的想法，可以随时进行补充。

第七步：补充完成后，进行小组汇报。可以采用白板书写，或者以草图的形式进行汇报，以形象的、直观易懂的方式让大家理解前面讨论的结果和有建设意义的想法。

运用独立启发共享这个工具，小组的每个成员都可以独立贡献3个点子，并且在别人点子的基础上获得灵感，从而产生更多的想法，这样可以避免由于讨论、批评、指责等将好的点子扼杀。在做创新的过程中，独立启发共享这个方法可以循环传递若干次，每个人共享9个点子、12个点子，等等。使用的时候一定要掌握时间和技巧，因为不停地共享一定会让有创意的点子越来越少。所以在使用时，一定要注意发散和收敛，合理使用。

3.2.2 互换排序法

3.2.2.1 互换排序法的目标

互换排序法是为了将主题、关键词、点子或者想法按照某一种规律，比如重要性、紧迫性、组织架构等，进行优先级排序，以便大家更清楚地讨论主题的核心问题。

3.2.2.2 互换排序法的使用

1. 使用场景

第一，当大家的点子、想法比较多，尤其是线性的点子、想法比较多，需要决定优先级的时候。例如，按照时间顺序排列的起床、吃早餐、上班、吃午餐、工作、下班、回家，就是一个线性的关系。

第二，希望利用科学的方法获得想法的优先级排序，而不是凭借自己的直觉和喜好来决定优先级的时候。

2. 使用条件

人数：8~10人/组。

时间：根据问题的需要来确定时间。一般时间比较短，不会超过20分钟。

3. 使用步骤

当大家充分列举了想法、点子之后，就需要大家通过简单的讨论做一些调整，按照一定的规则、重要性、实用性、紧迫性等重新排列顺序，这时我们就可以使用互换排序法进行排序，它通常也被叫作"打擂台"排序法。

具体方法是以小组为单位，对每一个点子进行简单的讨论和说明，通常情况下，由点子的提议人进行解释，让小组成员理解点子的含义，然后大家开始讨论，利用一对一的比较方法来排序。具体步骤如下。

第一步：将讨论主题时大家写好、贴好的所有点子或者想法的便利贴，按照任意顺序纵向贴成一列。

第二步：从最顶部开始，首先看看前两个便利贴的内容，它们是否已按照正确的顺序排列。然后小组成员讨论，将认为最重要的一个换到最顶部。然后依次考虑调整第二个和第三个想法，第三个和第四个想法，以此类推。

第三步：完成以上步骤后，从上到下依次评估一遍。如果有调整，则再次从上到下进行评估，直到没有可以互换的选项了，这个时候得到的就是全体成员公认的最好的排序。

3.2.3 聚类法

3.2.3.1 聚类法的目标

在创新设计思维工作坊中，根据相关主题，小组讨论得出的某些想法、点子、问题、阻力等，可能是相互离散的，而有些想法好像从某一角度来看又似乎相似或相近，这会给我们的工作带来很多困扰。有一个工具可以帮助我们将这些点子按照某一种规则进行聚类，从而将很多的点子划分为几个关键的大类，使这些点子、问题更容易研究和讨论，这个时候就需要使用能将相关因素聚类的聚类法。

聚类法的目标是将大量的想法进行简化和归类，使其更具组织性和逻辑性。

3.2.3.2 聚类法的使用

1. 使用场景

第一，对用户完成访谈、调研后，将遇到的、听到的、看到的有价值的信息进行整理时。

第二，对想法、点子进行整理时。

第三，大家已经罗列出了很多的事实，需要对大家的理解和认识进行整理分类时。

2. 使用条件

人数：2~10人/组。

时间：5~20分钟。

3. 使用步骤

第一步：小组成员将收集到的信息、数据写在便利贴上，然后将便利贴贴到墙上的大白纸或者白板上。

第二步：将内容完全相同的信息去掉，对剩下的信息、数据进行分类。可以按照时间顺序（比如流程）、组织结构（比如人力资源部、财务部等）、某个群体（比如客户、供应商、分销商、生产商等）、内容的近似程度（比如市场活动、问题阻力、需要条件、技术优势、竞争关系等）进行分类。

第三步：每一组的组长带领组员们边讨论边将便利贴按照类别进行移动划分。

通过聚类法，我们最终可以将离散的、杂乱无章的想法或者数据，按照不同的特征分成几个大类，从而获得更有效的信息和想法。利用这些信息和想法，可以制定解决问题的方案，或者制订行动计划。

3.2.4 画正字排序法

在做创新设计思维工作坊的过程中，如果得出的想法不是很多，而且这些想法之间具有线性关系，就可以将其按照优先级或者时间顺序排列。然而当这些想法或者想法的类别不具有线性关系时，可能需要将这些想法或者想法的类别进行优先级的划分。这时一般采用"举手投票法",这种方法非常快捷,但是有两个弊端,一是易产生"盲从""跟风"现象,二是不便于统计。因此我们也可以改用中国古代常用的"画正字"的方法,按照民主集中的模式进行优先级评估。

3.2.4.1 画正字排序法的目标

画正字排序法是我们非常熟悉的一种方法,在创新设计思维里,进行信息排序的时候,也会用到画正字排序法。

在创新设计思维里,画正字排序法的目标是,将已经聚类的各个类或者一些点子快速地排出优先级,方便后续完善点子和想法,并为制订行动计划或者设计方案做好准备。

3.2.4.2 画正字排序法的使用

1. 使用场景

第一,当所有的点子、想法或者信息被分类以后,需要判断它们的优先级时。

第二,当团队有很多想法,希望找到它们的优先级,却没有评估标准时。

第三,希望节省评估的时间,依靠大家的直觉印象对想法或点子快速排序时。

2. 使用条件

人数:2~10人/组。

时间:5~10分钟。

3. 使用步骤

第一步:将已经完成聚类的大白纸贴在墙上,在每个类上贴一张便利贴,在便利贴的中间画一条横线,在横线的上面写上该类的"名称",也就是为这个类贴上一个标签。

第二步:根据类别的数量,每个小组成员的投票数小于或等于总类别数的1/2。例如分类数为8,那么每个成员就投4票;如果分类数为7,那么每个成员就投3票。

第三步:投票的方法是每个人在自己所投类的"标签"横线下面加一票,即画正字。

第四步:统计投票的结果,按照投票数从高到低进行排序。

使用画正字的投票法,可以基于团队观点,快速地对若干类想法进行评估,让我们快速地找出重要的类别,获得重要的点子。

3.2.5 启发接龙法

3.2.5.1 启发接龙法的目标

上文介绍了不批评、不议论的独立启发共享的方法,鼓励每个人都提出自己的想法。当大家都没有更好想法时,我们可以采用让想法延续和激荡的启发接龙法。

很多好的创意都是由于看到前人好的想法或者狂野的点子,受到启发,而产生更好的或者更狂野的点子,可见"启发"对于创意的产生是至关重要的。

启发接龙法的目的是激发创意、分享创意,随后以团队的力量,通过大家的合作、观察和思考,使创意更加丰富有趣。

3.2.5.2 启发接龙法的使用

1. 使用场景

第一,在成员提出点子、贡献想法的时候。

第二,在大家想把项目计划转变成行动步骤的时候。

第三,在为客户会议做准备,需要创意的时候。

第四,当团队致力于解决一个问题,但暂时没有想法,需要激发想法的时候。

2. 使用条件

人数:2~10人/组。

时间:20~40分钟。

3. 使用步骤

第一步:准备一张大白纸并贴在墙上,在纸的左上角写上需要讨论的主题。

第二步:组员们围坐一圈,给每位组员发一张A4纸和一沓便利贴。

第三步:每个人都针对讨论主题,在一张便利贴上写下自己的想法,贴到A4纸上,并将A4纸传递给左边的组员。

第四步:每个参与者仔细阅读前人的想法,把它看作"想法接龙",在前人想法的启发下,将一个新的想法或者对前人想法的优化建议写在便利贴上,贴到上一个便利贴的旁边,然后继续向左传递。

第五步:重复这样的操作,直到每张A4纸都传递了一圈,回到第一个人的手上。

第六步:每个人都将自己手中的便利贴贴在开始时准备的大白纸上,并将其大声读出来，让每个人都了解内容，对于不清楚和不理解的，可以进行探讨。

第七步：请组员回顾所有的创新想法，可以将想法进行聚类，然后大家采用画正字法进行投票，最后进行讨论。

每个人都可以看到彼此的想法，这使得在评判想法之前，激发更多的想法，同时也为团队提供了共同创新的空间，因此也可以激荡出更多的想法。

【思考与练习】

每到用餐时间，学校食堂总是极其拥挤，打饭窗口排成长队，食堂大厅的用餐桌椅严重不足。有没有什么方法可以改变这种现状呢？请大家以小组为单位进行讨论，试着从本节讲过的几种创新设计思维方法中选择一种，对小组成员的想法进行聚类并排序。

3.3 以客户为中心的解决方案探索

在做创新设计思维的时候，一个非常关键的点是一定要以客户为中心进行解决方案的探索。如何才能做到以客户为中心？有人说从同理心出发解决问题可以做到，但实际上，在解决问题的时候，往往不知不觉就忘了以客户为中心。那么如何真正聚焦到以客户为中心呢？是否有一个工具或者固定的流程，我们可以跟着做，一步一步走，最后不但没有偏离"以客户为中心"的宗旨，而且能够为既有问题找到一个创新的解决方案？答案是肯定的，客户旅程地图可以做到。客户旅程地图可以告诉我们如何坚持以客户为中心，去做一个创新的解决方案。

3.3.1 客户旅程地图

3.3.1.1 客户旅程地图介绍

客户旅程地图是指将一个人为了达成目标而经历的过程直观地表示出来，它用于理解和解决客户的需求和痛点。从字面意义上，旅程就是经历一件事情的过程。例如，一个人从早上起床到晚上睡觉之间都做了什么，就是一个旅程。客户旅程地图就是完全站在客户的角度，看他在做这件事情的时候，都经历了什么，其中的接触点有哪些，痛点有哪些。下面以患者就医为例，对客户旅程地图进行简单介绍。首先介绍几个重要定义。

利益相关者是指该小组所讨论主题的利益相关者。比如，讨论的主题是医院如何让患者及家属更满意，那么利益相关者包括患者、医生、护士、患者家属、社保中心、药品供应商、医疗设备供应商等，其中最主要的是患者。如果讨论的主题是超市，利益相关者就包括顾客、店员、供应商等，其中最主要的是顾客。

客户画像是指最主要的客户的特征。比如讨论超市促销这一主题，针对最主要客户的画像就是年龄在58岁左右的女士，她们喜欢早起，精打细算，对于经常购买的物品价格记得很清楚，经常对比商品价格，在同类商品中喜欢挑选最便宜的。

行为是指客户开展主题相关活动过程中所做的具体事务。比如患者就医这一活动，行为包括查询自己病症的相关信息，选择合适的医院，查看医院的地址，选择去医院的交通工具，了解医院挂号的时间和地点，比如可以在网上挂号或者电话预约挂号或者微信挂号等，到医院问诊、验血、透视、划价、缴费、拿药、回家，等等。

心态是指客户在每个步骤的所思所想，一般每个行为对应一个或几个想法，包括痛点或者渴望等。比如，患者在网上查询时关心自己是否得了某种病，在去医院时关心是否可以挂上号，到了医院还会担心医药费能否报销，能否看好病，等等。

接触点是指每个行为和哪里接触，或者使用哪些工具。比如病人上网查找信息，那么百度网站或者专业医院的网站就是其接触点；去医院时可能会乘坐交通工具，那么公交车或者出租车就是其接触点；到了医院，挂号处、分诊处、医生及医学设备就是其接触点。

点子是指实现设计主题、保证客户满意的想法。

下面以"医院如何让患者更满意"为例，介绍如何找到最重要的利益相关者。

对医院而言，它的利益相关者包括患者、医生、护士、患者家属、社保中心、药品供应商、医疗设备供应商等。利益相关者这么多，谁是核心客户？答案是患者。

找到核心客户之后，需要进行客户画像，主要是找出这类客户的共同特征。我们以2型糖尿病患者为例进行客户画像。第一，2型糖尿病多发病于40岁以上；第二，2型糖尿病患者一般偏胖；第三，2型糖尿病患者容易因电解质失衡及负氮平衡等，而感到全身乏力，精神萎靡；第四，2型糖尿病患者容易并发低血糖，而低血糖的外在表现包括饥饿、心悸、大汗、头晕，等等。因此，我们综合得出2型糖尿病患者的客户画像，即年龄在40岁以上，身体偏胖，容易乏力，精神萎靡，易饥饿、心悸、大汗、头晕等。

有了具体的客户画像之后，我们要扮演成这样的人。我们需要了解患者在整个就医过程中的所做、所看、所听、所想。要做到这一点，仅仅运用同理心还不够，需要我们完全变成一个客户，以客户的身份去实地体验。比如一个2型糖尿病患者到医院看病，他首先要选择去哪一家医院，然后考虑乘坐什么交通工具，到医院后要挂号、看医生、做检查、缴费、等结果、再次看医生、开药方、缴费、拿药、回家，等等，这样的整个过程就叫客户旅程。

那么在这个旅程中，客户可能经历的一些痛点，就是我们需要重点考虑解决的。比如客户画像显示，2型糖尿病患者容易疲劳乏力，因此可以推断此类患者上下楼梯可能存在不便，需要我们对此做出周到安排；2型糖尿病患者在低血糖发作时容易感到饥饿，而此类患者又需要分别做空腹血糖监测和饱腹血糖监测，因此必须空腹就诊，那么需要我们考虑如何解决患者候诊时饥饿的问题，等等。

客户旅程地图是将客户开展主题相关活动时的行为、态度、接触点罗列出来，从中找出客户的痛点和期望等，进而思考改进产品或服务的方案。

3.3.1.2 客户旅程地图的目标

使用客户旅程地图是为了充分地理解用户的内心感受，完全融入用户的生活，探索并记录最终用户与设计主题相关的旅程，也就是工作、生活、行动、计划等；体会他们的痛点，发掘要设计的主题；揭示未知的用户需求，超越用户的期望；产生新的想法，获得创新的设计结果，解决客户的真正痛点。

3.3.1.3 客户旅程地图的使用

1. 使用场景

第一，需要对产品、服务、流程等予以改进的时候。

第二，在制订销售计划阶段，为了获得新的销售机会，需要了解目标客户的时候。

第三，希望充分理解客户的痛点和接触点，为方便客户而设计服务流程的时候。

2. 使用条件

参与人数：3~10人。

持续时长：40～50分钟。

道具：每组3张大白纸，6种颜色的便利贴，每人最少10张便利贴，每人一支记号笔。

3. 使用步骤

第一步：将3张大白纸从左到右贴到墙上。

第二步：在最左边的纸上，用黑色记号笔画一条横线，将其分成上、下两部分，在上半部分的左上角写上"利益相关者"，在下半部分的左上角写上"客户画像"。在中间的纸上，用黑色记号笔画两条横线，将其分为上、中、下三部分。在最上面一格标上"心态"，在中间一格标上"行为"，在最下面一格标上"接触点"。在最右边的纸上写上"点子"。如图3-4所示。

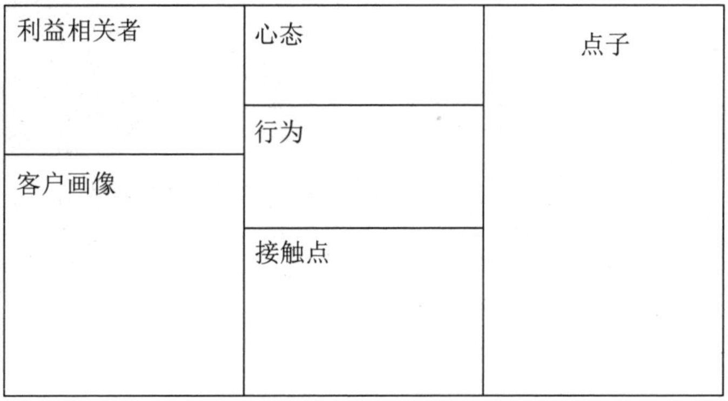

利益相关者	心态	点子
	行为	
客户画像	接触点	

图3-4 制作客户旅程地图

第三步：每位成员都将与主题有关的人或机构写在"利益相关者"一栏，并将重复的划掉。这里可以利用"利益相关者地图"来完成。

第四步：大家讨论众多利益相关者中哪个是关键的客户，贴上圆点便利贴加以标记。

第五步：讨论出关键客户的普遍特征，如年龄、性别、性格特征、生活习惯等，写在"客户画像"一栏。

第六步：每个人都代入客户角色，思考在开展主题活动过程中会做出哪些行为，将这些行为写到便利贴上，贴到"行为"栏中。写的时候不要商量，或者利用"独立启发共享"的方式进行。大家都贴完以后，将重复的去掉，然后排列顺序。

第七步：对于每一个行为，找出相应的痛点，写在"心态"一栏。

第八步：将每个行为对应的接触点写在"接触点"一栏。

第九步：大家讨论出"心态"栏中客户的关键痛点，做上标记。

第十步：大家转换角色，站在设计团队的角度，想点子，给办法，将客户痛点"化解"掉，尽量减少客户接触点，使流程简化，使客户满意。在出点子时，最好使用"独立启发共享"工具来完成。

对于"客户旅程地图"，我们可以采取如图3-5所示的汇报模板，形式既可以采用图形式，也可以采用文档式。

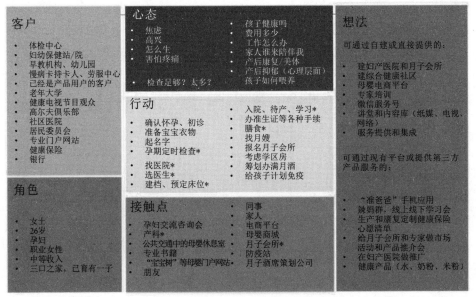

带*号的项目代表关键点

图3-5　客户旅程汇报模板

4. 注意事项

第一，客户的行为要和主题相关。早晨起床、刷牙、洗脸、上厕所、吃饭，这些都是客户的行为，但是这些跟主题不相关，可以都忽略。

第二，先梳理行为，再尽可能详细地记录客户所有的心态和接触点。

第三，从不同角度设计解决方案，一是站在客户的角度，二是站在设计团队的角度。

3.3.2 解决客户痛点问题

移情于最终客户，换位思考，站在最终客户的角度，发现他们的痛点，然后提出使客户满意的解决方案——这是制作客户旅程地图的意义所在。

那么，如何解决客户的痛点问题呢？

仍以就医主题为例，患者最担心的是能否看好病。围绕着客户的这一痛点,很多医院可能在医生一览表里挂出本院的知名医生,写上他们的职称等级和擅长领域,以此打消患者的顾虑。但是,在医院里不可能每个医生都是专家,可见这并不是很好的解决方案。我们可以围绕着客户的痛点寻求解决方案。客户去看病之前,可能希望对当地的各个医院有个总体的了解,针对这个问题,我们可以建立一个网站,把所有医院整合到一起,注明每个医院的特点和长项以及它的位置和交通导航。

除此之外,客户在办理事务的过程中接触点过多也是一个常见的痛点。针对这一问题,需要我们考虑如何减少客户的接触点,提高服务效率。我们以买车这一行为为例详细说明。买车一般三四天才能上好牌照,因为要去银行办理贷款,还要去保险公司上保险,最后要去车管所上车牌,程序十分烦琐。是否可以直接让4S店把这些做了呢?站在4S店的角度会认为,这个跟我没关系,我就是卖车的,挂牌照、上保险、办贷款不在我的业务范围内,我为什么要去做?但是,站在客户的角度考虑问题,减少客户的接触点是核心。所以,4S店要不要扩大服务范围就很重要了。有人提出解决方案:把银行搬到4S店,把保险公司搬到4S店,甚至把车管所的一部分功能也搬到4S店,这样下来,整个买车办牌照的时间就由原来的三到四天变成了四五十分钟。客户满意度可以极大提高。但是,把银行、保险公司都搬到4S店,成本非常高,有没有解决方案?最后这家4S店用一套软件系统把它们连接起来,使用这个软件,在4S店里就可以直接和银行、保险公司、车管所对接,只要大家从这个系统中选好车牌号,就可以当场办理,速度大大地提高了,成本大幅降低,这就是解决客户痛点问题的方法。

3.3.3 价值主张画布

3.3.3.1 价值主张画布的介绍

价值主张是整个商业模式的核心,它描述了产品价值和客户需求之间如何建立关系以及如何找到合适的客户群体并为其提供产品或服务。

价值主张画布是亚历山大·奥斯特瓦德(Alex Osterwalder)在《价值主张设计》一书中提出的一款工具,可用于了解客户的真正需求,同时为之设计相适应的解决方案。它的终极目标是让创业者或企业提供的产品与市场相匹配,符合市场需求。

价值主张画布的设计也适用于创新和改进价值主张,管理和更新价值主张研究所需要的工具。好的价值主张设计,强调关注用户最重要的痛点,但不需要解决用户所有的痛点。

价值主张画布由两部分组成。一部分是客户思维画布,用来描述设计团队对客户的理解;另一部分为产品价值画布,用来描述设计团队打算如何为客户创造价值。应用不同的工具找客户所需的价值主张,并始终保持产品的价值主张与客户一致。在客户需求与产品价值之间找到一个平衡点,从而寻求一种双赢的商业模式。

3.3.3.2 价值主张画布的目标

设计超越客户期望的解决方案,从客户的战略、目标、任务出发,探索客户的真正需求,充分了解客户的痛点和渴望,从而设计创新的解决方案,既能满足客户的需求,还能超越客户的期望,解决客户的痛点问题。

3.3.3.3 价值主张画布的使用

1. 使用场景

第一,对客户做了充分的了解,需要设计创新的解决方案的时候。

第二,对客户做了研究,需要对客户的信息进行整合,可视化地列出,设计解决方案的时候。

第三,研究企业的产品或者服务是否满足客户的需求和渴望,从而修改企业的产品和服务,为客户提供整体解决方案的时候。

第四,研究公司的产品或者服务适合于哪类客户群体的时候。

2. 使用条件

持续时长:50~80分钟。

参与人数:2~8人。

道具:大白纸2张,记号笔每人1支,6种颜色的便利贴每人最少10张。

3. 使用步骤

第一步:将2张大白纸分别贴到墙上。

第二步:如图3-6所示,在左边的纸上写上"产品价值画布",然后画线将长方形分为三部分,分别标上"产品/服务""创造效益"和"解决痛点"。

第三步:在右边的纸上写上"客户思维画布",画线将其分为三部分,分别标上"获得""痛点"和"任务/目标"。

第四步:设计组成员代入客户角色,思考客户希望获得什么样的产品或服务,目前存在哪些痛点,客户的最终目标和任务是什么,将答案写在"客户思维画布"中相应的板块内。

第五步:针对上一步写在"客户思维画布"中的三大板块内容,对应思考企业可以为客户提供什么样的产品和服务,可以解决客户的哪些痛点,本企业的产品和服务可以帮助客户获得哪些价值,将答案写在"产品价值画布"的相应板块内。

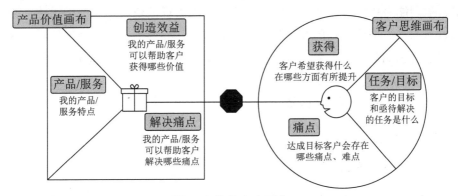

图3-6 价值主张画布

第六步:检查"产品价值画布"中的内容是否可以匹配客户的需求、期望,解决客户的实际问题。如果不匹配,就需要调整方案(产品/服务);如果能够满足客户的需求,就需要讨论如何做可以使项目顺利落地。

4.使用结果

利用"价值主张画布"帮助我们将自身的产品与服务更好地与客户的需求、期望相匹配,甚至超越客户的需求,最终为客户提供一套完整的解决问题的方案。

【思考与练习】

现在,很多物业公司由于资源条件的制约,服务跟不上业主们的需求,那物业公司如何在资源有限的情况下,提高业主满意度?试着用客户旅程地图为物业公司提供一个创新的方案。

3.4 创新思维的可行性和导向性

3.4.1 创新想法的可行性分析

当我们产生了创意的种子,有了想法,就是有了创意的第一步。但是要将想法落地实施,还需要考察创新想法的可行性。

对于一个普通项目来说，可行性分析是根据项目的主要内容和配套条件，如市场需求、资源供应、建设规模、工艺路线、设备选型、环境影响、资金筹措、盈利能力等，从技术、经济、工程等方面进行调查研究和分析比较，并对项目建成以后可能取得的经济效益及社会效益进行预测，从而提出该项目是否值得投资和如何建设，为项目决策提供依据。可行性分析应具有预见性、公正性、可靠性、科学性的特点。

3.4.1.1 梦想/现实/批评分类法

对于一个创新想法，它的可行性分析除了采用传统的方式外，还可以采用梦想/现实/批评分类、鱼骨图等方法。

将大量的想法进行聚类，其中有些想法是非常狂野的，现在未必可以实现，但是随着科技的发展，人类的进步，未来这样的想法会实现。太狂野的点子属于梦想家的想法，需要较长一段时间做项目研发和技术发明等。有些点子可能属于批评家的想法，它需要怀疑现状、批评守旧，得到一些既不太狂野又不完全现实的想法。对于那些原本已经很朴实的想法，现在只要去做，就有可能实现，这些属于现实家的想法。我们有时可以将所有的想法和点子按照这三种标准进行分类。在创新设计思维中，可以称为梦想/现实/批评分类法。

【案例分析】

讨论"未来手机"这个主题。

可以将所有的想法按照狂野度进行分类。

第一步：在墙上贴一张大白纸，按照图3-7所示绘制表头。

第二步：从大家的想法中选出几个最希望实施的想法，写在便利贴上，贴到大白纸的"想法"列。

第三步：将实现该想法的阻力写到一种颜色的便利贴上，然后贴到对应的位置。这里的阻力是指实现这个想法目前最大的"瓶颈"。比如"人体就是智能手机"这个想法最大的阻力就是"人体目前并没被发现有这个功能"。

第四步：在相应的格子中填写"克服阻力需要的努力"，这里主要是指克服阻力可以采用的技术或者行为。比如针对第三步的阻力可以采用给人体植入芯片的方式实现。

第五步：根据实现想法所需要的人力、物力、财力以及技术等，判断其难易程度，满分为10分（10分代表难度最大），分析、讨论并填写难易程度分数。

想法	阻力	克服阻力需要的努力	克服阻力的难易程度	归属类别
人体就是智能手机			10	● 梦想
听障人士专用手机			6	○ 批评
能传输气味的手机			8	● 梦想
全息投影手机			3	● 现实

图3-7 梦想/现实/批评分类法

第六步：在"归属类别"中用三种颜色的圆点贴分别表示三种不同类型的想法。比如红色代表"梦想家"的想法（难易程度的分值高），黄色代表"批评家"的想法（得分适中），蓝色代表"现实家"的想法（得分较低）。

需要长时间或者大量的成本才可以实现的想法或点子被划分为梦想家想法，它成本高，但是创新性也非常高，风险也会比较大；而现实家的想法是一些现在就可以着手去做的想法；还有一些想法，它们需要经过一些努力才可以实现，这些想法被称为批评家的想法，这些想法往往挑战现实，但是和梦想家的想法相比又比较务实，对于这种想法，我们可以考虑落实。

3.4.1.2 鱼骨图法

有时候我们也可以利用"鱼骨图"直接讨论一个主题来获得方案，或者将想法利用"鱼骨图"进行聚类，然后优化。鱼骨图是由日本管理大师石川馨教授发明的，所以又被称为"石川图"。鱼骨图是一种能发现问题的"根本原因"的方法，它也可以称为"因果图"，其特点是简单、实用、深入、直观。它看上去有些像鱼骨，把问题标在"鱼头"处。在鱼骨上长出鱼刺，上面列出产生问题的可能原因，有助于说明各个原因之间是如何相互影响的。在创新设计思维中使用鱼骨图，可以用于寻找一个主题的解决方案，这时可以将问题拆分成很多不同的层级，每个层级都具有很多不同的子解决方案；也可以用在已经通过头脑风暴获得了很多想法，希望将想法分类，然后考虑每个类的解决方案及优化方案的时候。

【案例分析】

在讨论学生宿舍社区制改革问题时,学生运用鱼骨图进行了分析,如图3-8所示。

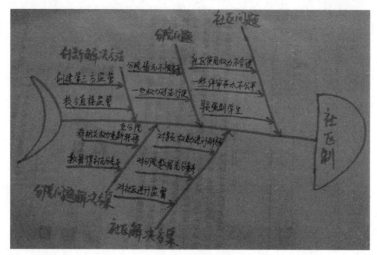

图3-8 鱼骨图法

在团队讨论时,我们同样可以采用鱼骨图法,如图3-9所示。

第一步:将大白纸贴到墙上,在纸的右边画一个向右的箭头,写上需要讨论的主题,然后在箭头的中部从右向左画一条线,代表鱼的"主骨"。

第二步:通过头脑风暴,找出主题的瓶颈问题,比如销售方法单一、人才短缺等,围绕这些瓶颈问题,讨论它们产生的原因,并找到相对的维度,也就是"边骨"。

第三步:整理这些维度,将主题分解成若干个维度,比如如何改变销售模式,可能会分为"方法""人员""方案""服务""竞争""投标"6个维度来考虑。注意,除非问题的层次非常多,一般不要超过6个维度。

第四步:在主骨上面分别以60度角向左上角和左下角画分解维度线,代表边骨,接着在边骨旁边贴上维度的名称,每个边骨可以用一种颜色的便利贴来完成。

第五步:针对每一个维度,大家进行头脑风暴,可以在每个边骨上找到很多对应的解决方案。就这样逐一将每个维度完成,就获得了解决问题的整体视图。

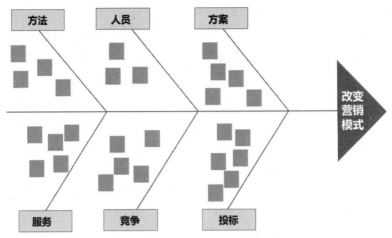

图3-9 采用鱼骨图法获得解决问题的整体视图

利用鱼骨图法，可以将问题分解成不同的层次，再在每个层次上找到解决方案。但是使用鱼骨图的缺点是利用左脑太多，缺乏右脑思维，也就是缺少创新，因此建议在寻找解决方案时将鱼骨图和后面要讲的创新工具结合起来使用。

3.4.2 目标导向的重要性

为了启发真正的创新设计思维，不以纯逻辑思维解决问题，首先不要深究问题的现状和参与者的身份，而是站在未来的角度考虑问题，这也是目标导向的重要性所在。

【案例分析】

讨论如何才能降低割草机的噪声。

传统的想法是考虑现状，因此会提出添加润滑剂、增加减震系统等解决方案。现在我们站在未来的角度考虑问题，想象一下，如果不使用割草机，不就没有噪声了吗？那么在什么情况下不需要割草机？当然是草不再生长的时候。那如何能让草不生长？可以使用化学药品使草不长高，或者运用转基因技术使草的DNA发生变化，从而使草不再长高。因此，这个问题就会从如何降低割草机的噪声变成如何研发出能够抑制草生长的化学药品。从这个角度去思考，我们会发现真正的目标到底是什么，从而找到创新的解决方案。

在上面的案例中，首先需要设计一个美好的未来，然后再确定从现在到未来有多大的差距，还存在哪些阻力、哪些瓶颈，接下来分析如何做或者需要具备哪些条件，才可以打破瓶颈、战胜困难，一步一步往回推，最后找到解决方案。

对一般项目而言，解决问题都是从当下出发，发现存在的问题，找到引发问题的根本原因，然后再找到解决方案，这是传统解决问题的方法，属于交付型。

对于创新型项目，我们一般是从未来出发。首先设想美好的未来是什么样的，未来越美好，需要的资源和成本一般会越高。再考虑现状，在这一阶段，人们会指出很多不尽如人意的地方。如果要实现美好的未来，从现状出发，存在多大的差异，从差异中找到瓶颈。如何打破瓶颈，需要什么样的资源、什么样的技术，我们会提出很多种不同的想法，这样就形成了实现美好未来的各种方案。

在一般情况下，一开始提出的方案大部分是从逻辑思维出发，缺少创新性。通过右脑训练，可以帮助大家将方案一步一步迭代，最终获得创新的解决方案。有了创新的方案，还需要思考如何将方案落地。这时就需要研究方案的可行性。如果希望方案落地，就需要花费一定的成本，如科研成本、人力成本、材料成本等。成本分析的目的是考虑该项目最终到底要不要实施。如果项目需要实施，当然就需要做投入产出分析，研究项目投入会给组织带来多大的效益。一旦决定投入这一创新项目，就需要制定项目的路线图，确定项目的关键验收点，确定验收标准，需要制定具体的实施方案以及该方案需要分成几个步骤完成。但是对于每一个步骤由谁来完成，如何分工，各自的职责是什么，还需要进一步讨论。

一般来讲，落实一个好的创新型项目就和建一座高楼一样，需要严格的分工。

董事会：董事会有一个美好的蓝图，也有一定的资金，希望将他们的梦想变成现实。他们就是梦想的设计者。

设计师：根据董事会（出资方）的梦想，设计业务的原型，制作愿景的效果图。他们一般不会先考虑如何具体实施，只有这样才会有创新。

架构师：根据设计师设计的业务原型，来设计落地的解决方案。他们需要计算各种参数，设计原型的结构，分析原型的可行性。当他们发现设计原型的落地存在一定困难的时候，就需要和设计师沟通、协商，从而完善解决方案。

工程师：将设计师和架构师设计的方案进行落地，主要解决技术实现的问题，并且他们会将超大型整体创新项目分解成多个可执行的小项目。

工程经理：对于工程师分配的子项目，严格按照设计图纸进行施工，指挥协调资源完成任务。他们不能修改图纸，只能认真完成任务。

施工队员：他们执行力更强，严格完成自己的任务。

在一个创新项目中如果没有设计师、架构师、工程师，只有工程经理、施工队和原材料，项目就开始动工，那么项目的风险会非常大，项目的进度、质量、目标都无法控制。

3.4.3 创新项目的流程

流程创新是管理创新的一个重要组成部分，是指在组织运营中的采购、研发、生产、物流、销售、服务等活动中，对于操作程序、方式和规则体系的创新。不同的行业，对于流程创新关注的角度也不完全相同，例如，服务型行业面对的是终端客户，更关心以客户为中心的流程设计。

创新项目的流程可以分为以下4个阶段。

第一阶段：发现。

一般是从现状出发，利用"现状/瓶颈/主题"的工具。常见主题是"在什么样的条件下，为什么样的组织，重新设计一套什么样的流程"。

第二阶段：探索。

制定了主题以后，就需要站在客户的角度思考问题，首先利用"利益相关者地图"，找到主题项目的利益相关者；再从利益相关者地图中找到最核心的客户，利用"客户画像"找出客户的特征；最后利用"客户体验地图"发现客户在和企业打交道的过程中最大的痛点、渴望。

第三阶段：设计/原型。

在流程设计过程中，需要忘掉现状，忘掉身份，从客户的接触点出发，看看是否可以减少客户的接触点；同时思考企业内部如何减少接触点，实现自动化、信息化的流程。在设计流程的时候，大家容易陷入逻辑思维中，容易习惯于解决内部的问题，而忘记站在客户的角度，这是需要大家注意的。

第四阶段：实施。

有了流程，在实施时，就可以利用我们在下一小节要讲到的"未来/现状/瓶颈/想法"工具来打破从现状到未来的流程中存在的瓶颈，利用"可行性分析"的工具，研究其可行性，最后做好项目的整体规划和行动计划，最终获得创新的解决方案。

【案例分析】

在医院，以客户为中心的流程受到越来越多的关注。如果想做到以患者为中心，那么医院的接触点就需要减少，也就是要实现患者到医院只跑几个地方或者一个地方，甚至不到医院，就能解决一切问题。这样的流程就是以客户为中心的流程。

现在很多医院都开设了自己的互联网医院，如西安交通大学第一附属医院于2018年7月正式获批上线的"智慧好医院App"，如图3-10所示，它能协助医院与医生进行患者管理，更方便患者在线预约挂号。患者也可以通过"方便门诊"预约检查或化验，或者查看之前的检查报告单，最后还可以选择"送药到家"，实现互联网就医全流程，非常方便。这一举措获得了国家卫健委的高度认可，在全国产生了较为广泛的标杆效应，北京、广东、天津、山东、安徽、河南等多个省市的大型三甲医院专程赴西安考察交流互联网医院建设经验。新冠肺炎疫情期间，该App更是充分发挥了它的优势，减少了患者和医院的直接接触，也减少了病毒传播的机会。

图3-10 智慧好医院App首页

以创新设计思维寻求创新解决方案是从客户的角度，用同理心考虑问题；从美好未来的角度出发，探索新的解决方案。原来站在自己的角度，站在解决问题的角度，站在现状的角度完全不同。创新设计思维的模式，是先考虑客户购买产品前、购买时和购买后的一切行为，考虑客户在每个节点和接触点的痛点、渴望，再来讨论满足客户需求的方案。因此，要想做到以客户为中心，目标导向的创新项目流程设计非常关键。

3.4.4 未来/现状/瓶颈/想法

本章学习的头脑风暴需要运用发散性思维，需要人人参与，贡献各种各样的想法。在很多情况下，如果仅仅运用发散性思维，产生的想法很可能难以聚焦，容易跑题。这时必须将左脑和右脑相结合，将发散和聚焦相结合。鼓励大家贡献狂野的点子，就需要做右脑训练。训练右脑有很多方法，比如关联游戏、故事接龙等。而左脑训练主要是逻辑思维训练，可以事先设计一个工具，在理解问题的逻辑流程的基础上，一步步引导大家提出创新的解决方案。其中，"未来/现状/瓶颈/想法"就是专门为创新设计思维设计的一种工具。

使用"未来/现状/瓶颈/想法"工具，我们要忘掉现状和自己的角色职责，设计一个狂野的、美好的未来场景，了解现状与目标的差距，锁定达成目标过程中的瓶颈，寻求打破瓶颈的方法，从而获得达成目标的方案。

【案例分析】

在3.4.1小节中讨论"未来手机"这个主题时，就可以采用"未来/现状/瓶颈/想法"工具寻求打破瓶颈的方法，如图3-11所示。

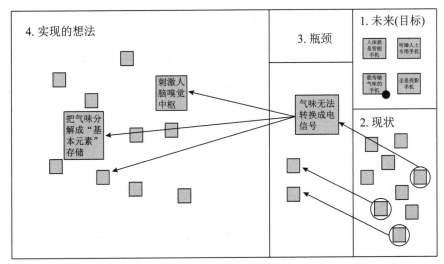

图3-11 "未来/现状/瓶颈/想法"工具

第一，不考虑自己的现状，不考虑所处的环境，围绕着主题，每个人贡献一个美好的未来（目标），目标越狂野越好。写在便利贴上，并贴到相应的位置，比如这里我们提到"人体就是智能手机""听障人士专用手机""能传输气味的手机""全息投影手机"4个目标。

第二，集体讨论，将想法分为三种。第一种是梦想家的想法，就是非常狂野的想法，现在实现还有很大困难。第二种是现实家的想法，这种想法只要在现状的基础上重新定义或稍加改进就能实现。第三种是批评家的想法，这种想法通过大量的努力是有可能实现的。

第三，在三种"未来"中，大家投票选择一种希望实现的"未来"进行讨论，比如选择"能传输气味的手机"。如果三种都选，则可以分别设置成短期、中期、长期目标，并以此制作发展路线图。

第四，针对选出的未来"能传输气味的手机"来寻找方案。此时针对它的现状进行讨论，分析现有问题，并将其写在便利贴上，贴到"现状"的位置。

第五，探索从现状到目标之间存在哪些"瓶颈"。要注意，瓶颈是现状，现状不一定是瓶颈。团队成员可以通过投票选取"瓶颈"，它就是达成目标过程中的最大阻力。换句话说，如果这个阻力解决了，目标就可能达成。比如这里我们认为最大的瓶颈是"气味无法转换成电信号"。

第六，围绕着每一个瓶颈，思考有什么方法可以克服它。例如，我们可以把瓶颈"气味无法转换成电信号"转变为"如何把气味转变成电信号"，然后提出相应的解决方案，比如"刺激人脑嗅觉中枢"来体验气味，又或者"把气味分解成基本元素存储"，就像三原色可以组合成其他颜色一样，用这些提前存储好的基本味道去模拟组合气味。

第七，评估每一种想法的可行性，优先解决最重要的瓶颈，最后安排实施计划。

在前面的案例中，我们从未来开始讨论，相当于以目标为导向。但是，"未来/现状/瓶颈/想法"有时也可以从现状开始思考，推出未来。它的缺点是，这样推导出来的未来很容易受到现状的约束，缺乏创新。但是它的优势也非常明显，那就是可行性强。所以，需要创新想法的时候还是建议先忽略现状，从未来出发进行讨论。

在某些情况下，我们可以将这一工具使用到企业和客户中，这样可以使我们提出的方案既满足客户的需求，又满足企业的发展需求。另外，有时也可以将之前学过的"客户旅程地图"和这一工具结合使用，将两者的想法叠加在一起，既可以满足客户的需求，解决他们的痛点；又可以使得公司利益最大化。

【思考与练习】

随着虚拟现实技术的发展，能否为买车试驾设计一个创新项目流程？

3.5 创意再发展

3.5.1 如何不

【案例分析】

从前,在智利有一个饱受干旱之苦的小村庄,这里除了雨水之外,没有任何其他水源,所有村民都需要从村外的小河提水到家中的水缸、蓄水池用于日常生活和耕作。

为了解决这一生计难题,村民们经过一番商议之后决定对外签订一份送水合同,找人负责每天往村子送水。

有A、B两家送水公司在得知这一消息后,都表示愿意承包这项工作。于是村民们与这两家公司同时签订了送水合同,分别为村子东部和村子西部的村民送水。

A公司派出一名叫罗伯特的员工负责村子东部的送水任务。罗伯特在接到任务后立即行动起来,他首先在村子东部修建了一个结实的大蓄水池,然后每天在2000米之外的小河与村庄之间犹如钟摆般地来回奔波,用他的两只桶从河中打水运回村庄的蓄水池中。

为了保证蓄水池中总能有足够的水随时满足村民的需要,罗伯特每天都要起早贪黑地挑水、送水,还通过加班加点额外搬运了200桶水。尽管一天下来筋疲力尽,但是罗伯特看到每天领到的薪水,不但不觉得辛苦,而且还心满意足。

B公司派出一名员工汤姆斯负责村子西部的送水任务,汤姆斯在接到任务后并没有像罗伯特那样马上投入工作。几个月的时间里,村民们都没有见到这位送水工的身影。村子西部的居民只好纷纷到村子东部的蓄水池中挑水,这让罗伯特兴奋不已,因为这样每天他可以挑更多的水,挣更多的钱。

汤姆斯这段时间都在忙什么呢?原来他正忙着制订一份详细的商业计划书,打算修建快速、大容量、低成本并且卫生的送水系统。4个月后,公司老板让汤姆斯按照这份计划书,带着施工队和一笔资金来到村庄,用了半年的时间修建了一条由河流通往村庄的送水管道。这半年时间,汤姆斯不但没能从村民手里赚得一分钱,反而花掉了200万元的贷款,没钱娶妻生子,没时间享受生活。但是,管道修好之后,情况大大不同了,水渠每送出一桶水他便可以赚到1分钱,这样每天不必辛辛苦苦地工作,坐在家里看电视就能赚到不少的钱。

第二年赚回成本、还清贷款后，汤姆斯还将每桶水的价钱降低了一半，村子东部越来越多的居民纷纷到村子西部的蓄水池中挑水，汤姆斯的生意越做越红火，而罗伯特赚到的钱越来越少，没有办法，他也不得不将每桶水的价钱降低一半，这意味着他要想获得与原来一样多的收入，每天要送多一倍的水。他只能比以前起得更早，回家更晚，不仅不能挣到与原来一样多的钱，而且还累出一身的病。罗伯特看病吃药花掉了一大笔钱，最后，卖车卖房，四处借钱，勉强度日，夫妻也分道扬镳。

而汤姆斯不仅买房买车，娶妻生子，而且还有更大的精力和更多的时间把生意做大做强。他想到饱受干旱之苦的村庄不止这一个，其他有类似问题的村庄一定也需要水。于是，他又制订了一份新的商业计划，将他的这套送水系统推广到更多的村庄，解决更多人的用水难题，每天送水几十万桶，每天为公司创造极为丰厚的利润。当然，汤姆斯自己也获得了越来越多的薪水。而罗伯特在他的余生里仍拼命地工作，为了和汤姆斯竞争，他不得不加大劳动强度，最终还是陷入了"永久"的财务问题中。

在上面这则案例中，汤姆斯就运用了"如何不"的思维。他没有急着挑水赚钱，而是先思考如何既不挑水，又能解决村民们的用水难题，这就对主题进行了重新定义。

运用"如何不"的思维方式，确实可以有效拓展我们的思路，打破我们的思维定式，得到意想不到的解决方案。

"如何不"运用反向思维，提出一些颠覆性的问题，从而获得新的讨论主题或者想法。在具体操作的时候，我们可以先将大白纸贴到墙上，列出需要讨论的主题，然后大家围绕着主题，看看是否有新的创意，这种讨论本身就是一种创新。接下来根据讨论主题的不同，每个人将主题进行各种变形，写到便利贴上，然后将变化的主题贴到大白纸上。要注意，在重新定义主题时，用"如何不"的思维来获得新的主题。比如讨论的主题是"超市如何改善以客户为中心的流程"，若采用颠覆性的思维模式，主题就变为"如何让客户不去超市也能购物，使企业获利"。

"如何不"也可以应用在日常生活中。比如，火锅店发现客人在吃火锅的时候经常会不小心将油溅到自己身上，那么他们就要思考"如何不用增加太多成本，就能避免顾客的衣服被油溅到"，最后他们给每个顾客提供了一条围裙。另外，针对"如何避免顾客抱怨排队等餐时间过长"这一问题，他们除了提供免费小吃外，还提供扑克牌、跳棋等供大家消遣娱乐，甚至为女顾客提供美甲服务，为男顾客提供擦皮鞋服务。这些创新的解决方案往往可以获得和别人完全不同的产品设计或者服务，给顾客带来不一样的体验。

在做头脑风暴获得新创意时，需要做出颠覆性创新，经常通过否定现实想法而获得，即通过反向思维模式来获得新创意。在采用颠覆性思维模式时，就可以使用"如何不"这一工具。

3.5.2 狂野的想法

【案例分析】

美国特斯拉汽车CEO马斯克在2013年提出，把人装入真空管道，以上千公里的时速像炮弹一样发射出去。对于如此狂野的想法，就在我们当笑话听的时候，美国人却当真了，"胶囊高铁"的实验真的启动了。所以，对所有的"异想天开"，别管它多么不着边际，请先别嘲笑，它可能正是我们创新的源泉。有时候越是看起来狂野的想法，反而越有创意。

如何才能产生狂野的想法？我们知道，人类的大脑分为左脑与右脑，左脑倾向于理性和逻辑，而右脑则倾向于想象和情感。利用右脑思维，更容易获得意想不到的创新方案。所以有时可以通过各种创意游戏来启发我们的思路。特别是大家玩游戏玩得特别高兴的时候，往往容易忘乎所以。这时候人脑处于非常亢奋的状态，此时来寻找创新方案，就会很容易产生"狂野"的想法。

日本软银集团的创始人孙正义在一次演讲中提到，他想在蒙古国建风电站、在印度建光电站，然后送到日本，以替代福岛的核电站。不少人认为他的想法过于大胆。可后来他发现，有一个人的想法比他还"不着边际"。那个人打算在北极建风电站、在赤道建光电站，然后供应全球。这个人就是中国国家电网公司原董事长刘振亚。孙正义说他一贯欣赏有狂野想象力的人，为此专程来中国拜访，并加入了刘振亚倡导的全球能源互联网计划。北极的风电、赤道的光电能否供应全球，或许几十年内都难以看到端倪。但在创新被如此看重的今天，想象力正是我们非常稀缺的资源。因此，刘振亚这种狂野的"异想天开"，说不定在不久的将来就会变为现实。我们从来不缺乏想象力，甚至是狂野的想象力，我们缺乏的是全社会对"异想天开"的包容和正视。

小时候我们听过嫦娥奔月的故事，也知道孙悟空有一根可以变大变小的金箍棒。今天，有人提出给太空装上电梯，这样随时可以登陆月球或者其他星球;给蚊子戴上口罩,这样再也不怕被蚊子叮咬了。这些想象力都足够狂野,但是我们往往把这些"异想天开"当成神话或者笑话。可是人类几千年的科技发展史一再证明,只有想不到,没有做不到。特别是在科技飞速发展的今天,想象力可能比技术本身更加珍贵。

从某种意义上说,想象力多一分狂野,创新就有可能增一分高度。创新的主体一定是人,因此一个人的眼界往往决定着创新的广度和深度。在创新设计思维中,我们需要让自己保持一颗"狂野"的心,才能提出狂野的想法,从而获得狂野的解决方案。

3.5.3 强制关联法

【案例分析】

听到"婴儿"和"抹布"这两个词,你会联想到什么?也许你会想到,婴儿的衣服穿旧了可以当抹布使用,这种想法本身没有问题,但并不是创新。我们来分析一下他们各自的特点,尝试寻找他们之间的关系。婴儿的特点包括爱哭、爱喝奶、会乱爬、不会说话,等等;抹布的特点包括吸水性强、材质柔软、容易清洗。两者之间看似没有关系。我们再仔细想想,婴儿因为喜欢乱爬,经常把衣服弄得脏兮兮的,像抹布一样。既然如此,能不能把二者的特点结合起来?在婴儿的衣服中嵌入抹布的功能,在衣服的手肘、膝盖等处缝制上类似于抹布材质的衣料,随着婴儿到处乱爬,房间各处的污渍会被衣服擦干净。同时,考虑到婴儿在地上爬行时容易着凉或者磕碰受伤,可以调整衣服关键部位的材质。这时,创意就产生了——一种婴儿拖地爬行服,如图3-12所示,这就是强制关联法的典型应用。

什么是强制关联法?它是将两个完全不同的事物,利用它们的某种特征,强制关联起来的方法。通过这种"强制",我们有可能突破常规思维的禁锢,找到新的关系,最终产生新奇的创意。

强制关联法的一般步骤如下。

第一步:把两种或两种以上事物的属性或特征列举出来。

第二步:把这些属性或特征逐一与其他属性或特征联系起来。

第三步:强制性地进行新的组合。

第四步:产生解决问题的新奇创意。

从理论上说，强制关联法可以用在任意两个事物间，但是为了提出更加新奇的想法，被强制关联的两个事物之间差距越大，关联后产生的创意效果往往越好。比如手机与照相机，同属于电子产品，把它们进行强制关联的时候可以把两者的功能进行简单的叠加，从而得到能拍照的手机；而鼻子和手机属于完全不同类别的事物，如果把它们强制关联，则可以尝试设计一款能帮助人们感知气味的手机。

在进行强制关联的时候，我们必须树立科学的思维方法，善于在统一中把握对立，在对立之中把握统一，如此才能运用创新设计思维，从不同的角度观察事物，通过大胆的想象和联想萌生出新的创意。

德国哲学家黑格尔曾说："如果一个人能看出显而易见的差别，比如，能区别一支笔与一头骆驼，我们不会说这个人有多了不起。同样，一个人能比较两个近似的东西，如橡树与槐树，或寺

图3-12 某电商平台搜索到的婴儿拖地爬行服

院与教堂，而知其相似，我们不能说他有很强的比较能力。我们所要求的，是能看出异中之同和同中之异。"

因此，我们需要学会抛弃常规的视角观察事物，发现平凡中的不平凡。

3.5.3.1 应用迁移

【案例分析】

在设计女式提包的时候，如果想突破传统的设计样式，得到创新的设计非常困难，此时可以利用强制关联法。首先，选择一个用来强制关联的事物，比如电灯泡；其次，分析电灯泡有哪些属性，比如可以发光、发热，有透明玻璃，可以通电……把女式提包和电灯泡联系到一起，强制性地进行新的组合，可以想到会发光的包、会发热的包、透明玻璃做的包、能发电的包，等等，这样新奇的创意就产生了。

请你把"放大镜"和"书"这两个词运用强制关联法联系起来并提出一个

创意。

情况说明:"用放大镜看书""用放大镜聚焦太阳,可以把放在下面的书点燃"等属于常识,并不是创意。创意是在别人想法的基础上提出的更加狂野的想法。

创意参考:有一个放大装置,将书放入就可以自动读书;将书放入一个放大的透明盒子中,就可以把书中的内容变成动画片或电影;用一种特别的放大镜照过书以后,书上的内容就会通过脑电波直接记到我们的脑子里……

一些经典的动画片里也有很多强制关联应用的例子,比如我们小时候看的动画片《哆啦A梦》中,哆啦A梦有一个道具——记忆面包,当大雄因为担心考试而急得焦头烂额时,向哆啦A梦求助,想要借一种能应付考试的道具。刚开始,哆啦A梦拿出了能吹走学校的电风扇和能让老师变成怪兽的动物灯,想以此来终止考试,可是大雄不敢去做。最后,哆啦A梦在无可奈何之下拿出了记忆面包,如图3-13所示,只要把需要记忆的内容印在面包上,再吃下去,就能记住内容。这种把面包和复印机强制关联的道具一出现就成为我们儿时最为期盼的东西,虽然动画片已经播出了几十年,但现在看来依然创意满满,试问哪一个小孩不希望自己能够拥有一款这样的记忆面包呢?这正体现了强制关联的无穷魅力。

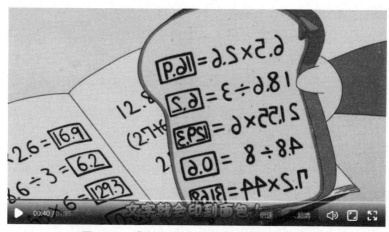

图3-13 《哆啦A梦》动画片中的记忆面包

3.5.3.2 思维拓展

在创新技法中有一种"组合法",与这里所讲的强制关联法非常相像。组合法,就是把两种或两种以上的技术、理论、产品进行简单的叠加,以形成新的技术、新的理论或者新的产品。美国阿波罗登月火箭总设计师韦伯说："我们所用的技术，都是已有的、现成的，关键在于组合。"而创新，也并非全是新的东西，它可能是旧东西的创新组合。20世纪后半叶，世界重大创新发明成果中80%都是通过"组合法"实现的，可见组合法在创新创造活动中，占有非常重要的地位。采用组合法，可以得到更强的功能，或更好的性能，往往可以实现1+1>2的结果。组合方法包括主体添加法、发散组合法、同类组合法、异类组合法等，下面分别对它们进行介绍。

1. 主体添加法

主体添加法就是给一个选定的事物添加别的东西。这个东西可以是已经存在的，也可以是市面上还没有的。一般情况下，要确定添加的目的，确定添加物体以及添加方式。比如给照相机加闪光灯，给电视机加遥控器，给计算机添加鼠标等，前面提到的给手机增加照相功能也可以看成这种方法的应用。

2. 发散组合法

发散组合法就是选定一个主题，以它为焦点，运用发散、联想思维，寻找它可能与哪些事物组合在一起，从而构成一个新事物。比如给杯子上安装温度计，变成测温杯，前面提到的婴儿拖地爬行服也可以看成把婴儿服装与抹布进行了发散组合。

3. 同类组合法

同类组合法是将同类型或相似的事物组合起来，形成一个新的事物，如多色圆珠笔、三人自行车等。

4. 异类组合法

异类组合法是将不同类的事物组合起来，形成一个新事物。比如把电风扇和灭蚊器组合到一起就形成一个新的产品——"蚊"风丧胆，我们欧亚学院的学生通过提出并实现这个创意，获得了"挑战杯"陕西省大学生创业计划竞赛铜奖，如图3-14所示。

不难发现，当我们的创意濒临枯竭的时候；当我们做一个新的设计方案需要获得灵感的时候；在我们做右脑训练需要脑洞大开的时候；或者是我们运用逻辑思维设计了一个解决方案，还想进一步获得创新创意的时候，都可以运用强制关联法。

图3-14 "蚊"风丧胆获奖证书

3.5.4 思维导图

英国著名心理学家托尼·布赞（Tony Buzan）在研究大脑的力量和潜能的过程中，发现伟人的艺术家达·芬奇在他的笔记中使用了许多图画、代号和连线。他意识到，这正是达·芬奇拥有超级头脑的秘诀所在。在此基础上，他于20世纪60年代发明了思维导图。思维导图又叫心智导图，是表达发散性思维的有效图形工具，具有很强的实用性。

可以将思维导图看作一幅帮助我们了解并掌握大脑工作原理的使用说明书。它能够增强使用者的记忆能力以及立体思维能力，也就是提高思维的层次性与联想性，还能增强使用者的总体规划能力。为什么思维导图的功效如此强大？首先，人脑对图像的加工记忆能力大约是文字的1000倍。而思维导图基于对人脑的模拟，它的整个画面正像一个大脑的结构图，里面分布着许多"沟"与"回"。其次，这种模拟强化了联想的功能，正像大脑细胞之间无限丰富的连接。这种模拟突出了思维内容的重心和层次，让我们更有效地把信息放进大脑，或是把信息从大脑中提取出来，这就是思维导图所要做的工作。

思维导图也是一种富有创造性的和有效的记笔记的方法，能够用文字将我们的想法"画出来"。所有的思维导图都有一些共同之处，即它们都使用颜色；它们都有从中心发散出来的自然结构；它们都使用线条、符号、词汇和图像，遵循一套简单、基本、自然、易被大脑接受的规则。用思维导图，可以把一长串枯燥的信息变成彩色的、容易记忆的、有高度组织性的图画，它与我们大脑处理事务的自然方式相吻合。

在学习运用创新设计思维的过程中，团队绘制思维导图可以在一张大白纸的中间标上讨论的"目标"或者"主题"。描述要讨论的目标或者主题的含义，然后用笔将它们圈起来。接下来，围绕要讨论的目标，每个人将自己想到的关联词，也就是子主题写到便利贴上，然后进行聚类，最终选择不超过7个的子主题。然后用彩色笔将子主题与目标连接起来。再针对每一个子主题进行发散，从而得到一个完整的思维导图。

除了可以用手绘的方式直接绘制思维导图以外，我们还可以借助软件来进行绘制，市面上这种思维导图绘制软件非常多，比如MindMaster、Mindmanager、XMind等，其中MindMaster是一款国产跨平台思维导图软件，可同时在Windows、MAC和Linux系统上使用。软件提供了智能布局、多样性的幻灯片展示模式、精美的设计元素、预置的主题样式、手绘效果思维导图、甘特图视图等功能。而MindManager也是一个易于使用的软件，它能很好地提高项目组的工作效率和小组成员之间的协作性。它作为一个组织资源和管理项目的方法，可从思维导图的核心派生出各种关联的想法和信息。Mindmanager与同类思维导图软件相比最大的优势是可以同Microsoft Office无缝集成，方便用户快速将数据导入Microsoft Word、PowerPoint、Excel、Outlook等，因此它越来越受职场人士的青睐。而且MindManager的设计越来越人性化，已经成为很多思维导图培训机构的首选软件。而XMind是一款易用性很强的软件，通过XMind可以随时开展头脑风暴，帮助人们快速厘清思路。XMind 绘制的思维导图、鱼骨图、逻辑图、组织结构图等以结构化的方式来展示具体的内容，人们在用XMind绘制图形的时候，可以时刻保持头脑清晰，随时把握计划或任务的全局，它可以帮助人们在学习和工作中提高效率。

思维导图是一种革命性的思维工具，简单却又极其有效。大家可以手工绘制，也可以根据自己的使用目标和使用习惯选择一款适合自己的思维导图软件进行绘制。它可以运用在创新设计思维的过程中，也可以用在日常工作、学习中。

【思考与练习】

（1）请大家拿出一张A4纸，用两个圆圈作为素材，在10分钟之内，看看你能画出几种创意。

比如看到两个圆圈就会想到汽车轮胎,那我们就可以利用两个圆圈画成一辆汽车;或者看到两个圆圈会想到眼镜,那么我们就可以利用两个圆圈来画成一副眼镜。但是这两种画法都不够"狂野",大家可以试着放飞思路,看看谁的想法最"狂野"!

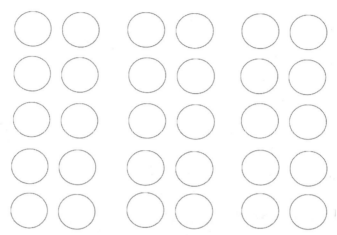

(2)将"电饭锅"和"汽车"进行强制关联,并提出你的创意。

(3)选择一款你喜欢的思维导图软件绘制出你对"创新设计思维"的理解。

Innovative

Design 第4章

实现创意
原型制作

Thinking

4.1 原型的价值

当团队明确了项目方案后，为了使大家对其能有非常直观的理解，以便进一步讨论是否需要完善、如何实现、行动计划如何做等，这时候需要进行原型设计。那么究竟什么是原型设计，我们为什么需要原型设计，如何进行原型设计呢？

4.1.1 直观表达的重要性

【案例分析】

马克思雕像的故事

2016年10月，中国打算在2018年马克思诞辰200周年之际，向特里尔市赠送一座马克思铜像，但这个消息却在当地民众中引发了讨论。因为这座雕像尺寸有点大，高4.9米，加上底座足足有6.3米。特里尔市虽然有个马克思故居，按理说放在那附近最合适；可是，马克思故居附近又没有摆放那么大物件的空间，所以雕像被计划放置在西蒙史蒂夫特广场。有些市民觉得，西蒙史蒂夫特广场是为了纪念来自拜占庭帝国的"隐士"西蒙的，不适合在这里放其他人的纪念雕塑。

还有当地民众从艺术的角度出发，认为这座马克思雕像属于现实主义艺术风格，在一个古典主义风格的广场上竖起这么一座雕像，搭配起来不是很合适。

为了消除当地民众的顾虑，特里尔市政府特地竖起了一个和马克思雕像同尺寸的木板仿制品，放在西蒙史蒂夫特广场上，向民众展示高度，以供民众观赏讨论，并让民众大致了解铜像将会如何呈现。不少当地人路过时都拿出手机拍照，还说这座雕塑"没有想象的那么大"。

仿制雕像在西蒙史蒂夫特广场上放置了数月之后，最终特里尔市议会以42票赞成、7票反对的表决结果，决定接受中国送的一座马克思雕像，最终的雕像高为4.6米，底座高为90厘米，总高度是5.5米，5.5米的高度与马克思诞生的日子正相吻合。

这个故事告诉我们直观表达是如此重要，因为很多离散的想法往往是一个个抽象的概念或者文字描述，难以让大家产生直观的认识，这样会导致大家不在同一个"频道"说话。要想让大家快速理解想法的真正含义，对想法进行磋商、矫正，就需要利用视觉艺术将想法"描绘"出来，让大家直观地理解想法所代表的实体、情景、流程等。

原型是什么？原型是一种让用户提前体验产品、交流设计构想、展示复杂系统的方式。就本质而言，原型是一种以可视化的形式进行沟通的工具。通过制作原型，大家可以暂缓之前的工作节奏，并创造新的讨论空间，使团队的讨论更有活力，让抽象概念变成一个又一个的实体演示，辅助大家更有效地整合不同意见，提出新的设计构想。原型就是帮助我们尝试未知事物，不断推进行动计划以达到目标的事物。

原型制作可以促使团队问问题、想出路、做选择，从功能而言，它是设计思维的重要道具。"做"是"想"的延伸，反之也是"想"的源泉，戴维·凯利把原型制作称为"用手来思考"，这是指心手合一，想到哪里做到哪里，做到哪里想到哪里，使用实体道具来进行思考，并且成为思考的重要跳板，用做原型的方法激发更多的灵感，探索更多的方案。

可能是受过去经验的影响，有的人认为，"原型"就相当于一个非常成熟、可以安排生产的产品。但实际上并非如此，原型可以是一个非常粗糙的、原始的表达方式，目的只是让所有参与讨论的人，对所要开发或解决的问题有具体的了解，可以进行多角度的思考，探索创意实现的各种可能性，然后快速进行再次迭代。

每个原型在制作时都应该有明确的目的，比如是进行合意性测试、可用性测试、实用性测试，还是可行性测试，尝试从要测试的多个要素中分离、抽取出某个具体要素，进行有针对性的原型制作。千万要小心的是，不要为了做原型而做原型。盖里事务所的吉姆·葛莱菲（Jim Glymph）曾经警告说："如果你过快地把一个想法固定下来，你会沉迷于它；如果你过早地去细化它，你会被它束缚住，这将使你很难继续探索，以寻找更好的方案。要有意保持早期原型的粗糙状态。"所以说原型制作是一种解决问题的方法，是一种语言及文化，是一种互动沟通的工具，通过一些粗糙、原始、简单、直接的表达，来理解消费者的需求。原型只是一个过程性的作品。据报道，一个德国知名的家用电器生产商，为他们新研发的吸尘器做了超过5000次的原型测试，就是为了了解客户的真正需求。如果他们每次都把原型做得尽善尽美，势必耗费大量的时间，哪还有时间和精力做5000次的原型测试？做原型时，要注意5个方面。

第一，原型应该以简单便捷为主，不要为一个初期原型做过多资源上的投入。

第二，原型要在有限时间内完成，制作原型只是为了沟通构想内容，不要额外花费时间做细致原型。

第三，以最简单的材料、方式来制作原型，因为此后可能需要对它进行多次测试和修正。

第四，不要为原型解释，更多是用原型来"聆听"，了解大家对构想的意见和建议。

第五，在制作原型的时候，不应该将一些看起来狂野的、荒谬的想法扼杀掉，而应该动员大家对狂野的想法进行讨论，将其实现。

不要以为只能通过实物来进行原型制作，也可以通过故事的形式，加上文字、图画、录像或声音，来描述一些可能出现的情节。美国国家地理杂志制作了一档节目，叫作《人群管理》（Crowd Control），他们通过隐秘摄影机，记录社区中惯常出现的情况，例如，酒吧后街出现很多醉酒人士向墙壁撒尿，身体健全人士占用残障人士的停车场位置，行人没有耐心等红绿灯，等等，然后通过不同的原型测试，找出可以实质改善的方案。

4.1.2 故事画板

4.1.2.1 故事画板介绍

故事画板是以粗略的图像来描述设计理念草案的工具，是一个简单、快速、低成本的原型制作方法，可以帮助我们从头到尾以可视化的方式传达自己的想法或者理念，从而获取反馈。故事画板法是指利用连环画的形式直观地、可视化地表现出想法、场景、事件、愿景、目标、未来等是如何串联在一起的，给人带来一个完整的体验，一步一步进行想法的创新迭代，从而获得更深层次的狂野想法。故事画板将用户（角色）需求还原到情境中，通过角色、产品环境的互动，说明产品或服务的概念和应用。

我们通过舞台上的元素（人和物件）进行交流互动来说明解决方案所关注的问题。角色就是产品的消费者与使用者，虽然不是一个真实的人物，但是在设计过程中代表着真实用户的假想原型。在交互与服务设计中，选择合适的原型构建出设计的情境与角色，有助于我们找到想法的落脚点，而不至于在设计流程推进的过程中迷失方向。

4.1.2.2 故事画板的目标

第一，用纸张、笔、剪刀和胶水来制作创新想法、场景、故事、愿景、目标等的模型，把需要讨论的创新想法通过连环画的形式清晰地展示出来，从系统的角度去体察想法。

第二，根据整个故事线的时间序列，可以看到想法的整体视图。

第三，提供关于想法或者理念的概览。

第四，将单个元素的功能可视化。

4.1.2.3 故事画板的使用

1. 使用场景

第一，已经将小组的想法浓缩成一个或者几个故事情节的时候。

第二，需要帮助客户充分理解一个可能实现的想法的时候。

第三，需要采用直观的、可以看到故事情节的设计结果来说服客户或者投资者的时候。

2. 使用条件

持续时长：20~45分钟。

参与人数：2~8人。

道具：大白纸、A4纸、各种彩色纸、各种彩色笔、剪刀、胶水等。

3. 使用步骤

小组长首先和大家讨论小组的想法，将其叙述成一个故事线或故事情节，再将小组人员重新分配成几个小组，比如需要画6幅画，就分成6个小组。

故事线或故事情节是指故事的起因、经过和结果。在故事板里，一般不需要耗费大量精力去介绍背景。因此，故事板的结构较为清晰易懂，通常只包含简单的开头、叙述、结尾，且叙述的重点围绕人物展开。情节部分以某个特定的触发点开始，然后以人物遗留下的问题或者解决的方案而结束。结束的形式取决于故事画板的目标是前期介绍用户痛点还是后期阐述产品使用过程。

第一步：给每个小组一张A4纸，再分发各种大小的彩色纸、彩色笔、剪刀等。

第二步：每个小组用手上的彩色纸将分配的创新想法画成一幅草图，争取在10分钟内完成。可以自己绘制也可以剪贴图片。

第三步：所有的小组聚集到一起，将每个小组的画贴到一张大白纸上，再用便利贴等进行补充、说明。

第四步：每个组都要向其他组汇报展示，确保展示的内容是对创新想法内容的完整说明。

第五步：记录展示的内容。最好将汇报过程用手机或者录像机记录下来，同时为原型拍摄照片。

我们不需要成为一个伟大的艺术家来创建一个伟大的故事画板。通过简单、直观地绘制产品或服务的关键元素，就可以进一步了解、梳理我们的想法和构思。故事画板的核心是描述故事，并清楚地传达信息。用故事画板这种可视化的形式去表达用户的需求和痛点问题时，内容要清楚，具有逻辑性，这样才能让观众更好地理解设计者的思路。

4. 使用结果

利用连环画的形式直观地、可视化地表现出想法、目标等，一步一步进行想法的创新迭代，从而获得更深层次的狂野想法。这种方法不仅可以帮助我们改进想法，还可以揭示谁将使用它，在哪里使用以及如何使用它。

【思考与练习】

（1）在生活和工作中有哪些时候是通过制作原型的方式来解决问题的？

（2）绘制创意故事画板原型来说明你的项目组创意。

4.2　原型的类型

【案例分析】

宜家卖场

宜家（IKEA）是把"原型"概念用到极致的超级典范。对一个计划装修的家庭而言，最痛苦的事，莫过于找不到合适的人来咨询，特别是当屋主连该问什么问题都不知道的情况下，也许他只晓得询问装修一个100平方米的房子需要多少预算，究竟要做多久等，其他更具体的情况就完全一窍不通了。宜家明白客户的痛点与难处，于是在自己的超大店面内，将公司售卖的所有产品组装成大小不同的示范区，让客户身处其中感受由各种产品组合成型的效果，这样一来，客户就可以通过模拟摆设，清晰地了解家居设计需要考虑的方方面面，例如房间间隔如何调配、有哪些家具可供选择、家具颜色如何搭配、不同灯饰摆放后的效果等，让客户明白，原来家具的不同摆放方式，可以带来不一样的视觉效果。有宜家卖场，一切有关家居设计需要考虑的，甚至连客户尚未考虑到的细节，例如窗帘布的墙身挂钩，客户都能得到很多启发。

宜家陈列室内，除了一般的客户以外，还出现了两个另类群体。一类是需要装修家居，却不喜欢宜家产品的非客户，他们同自己所聘请的装修公司师傅走到陈列室内，在不同的示范区，与他们商讨心目中理想家居的大概构思，然后由装修公司按照他们提出的要求，重新设计装修家居的方案；另一群更加特别，是大学设计系的学生们，在大学教授的带领下，走到陈列室的每个示范区，一起讨论家居设计原理，这实在很有意思。

制作原型的目的，是让大家厘清已提出的概念或者想法具体是什么。因此，在制作原型时，细节并不是最重要的，重要的是通过这个原型表达某个想法。所以"原型制作"主要使用简单的材料和工具，像旧海报、纸板、胶带、泡沫、塑料、乐高、木头以及桌子、椅子、帽子、鞋带等，甚至是身边任何可供使用的东西，只要能够具体展现出你的想法就可以。一般我们鼓励尽量用现有的材料尽快将创意做出来。从原型的呈现方式看，原型有很多种，除了前面提到的故事画板法，通常运用较多的表现方式有纸质原型、草图描绘、物理原型、角色扮演、视频等。

4.2.1　纸质原型

纸质原型是最常见的原型制作方式，当希望简单、快捷、直观地表达想法，使得大家更清楚地了解讨论的主题想法时，纸质原型就是很好的选择，因为纸质原型需要的工具极为简单，通常包括纸、剪刀、笔和胶水。如果需要进行动态演示，可以移动用纸张制作的物体，比如利用便利贴轻松地移动位置，另外也可以用纸张来制作界面、流程和角色经历的原型等。

在斯坦福有一个设计思维的体验项目，即为你的同伴设计一款理想的钱包。该项目的核心是以钱包为切入点，通过一个人的钱包来了解钱包的主人：他的工作、生活是什么样的？有哪些重要的人际关系？发生过什么有趣的故事？存在着什么困境？基于上述对人的观察和理解，重新为这个人设计一个理想的钱包。在这个情境中，我们往往只向参与者提供极少的材料，鼓励大家用纸制作出理想的钱包原型。

纸原型可能制作得非常粗糙，但有时候也可能制作得非常完善。大多数时候，我们会制作较为粗糙的概念原型，用于说明定性的问题；但当涉及定量的分析时，纸原型就有可能需要制作得非常完善。

4.2.2 草图描绘

有时候为了表达一个创新的想法,我们可以利用画笔将想法、点子、解决方案描绘出来。这里所说的草图,不需要设计者有绘画功底,只要画出简单的方框、圆、三角、直线、曲线和点就可以,描绘草图只画出必要的部分,能表达思想就可以了,越简单越好。比如,在图4-1中,一看就明白,第一幅表示的是汽车,第二幅表示夜晚的汽车,第三幅表示汽车装卸东西,第四幅表示在汽车后备箱找不到东西。

图4-1 草图描绘

在描绘的过程中,只要表明目标、行为、流程、故事、场景、物体、要求和时间等即可。比如描绘目前的流程如何工作;描绘新的流程会是什么样子;描绘消费者在家购买商品的一种方式;描绘销售人员找到准确的目标客户的方法。

鼓励用形象的符号进行比喻。比如用太阳表示晴天,用云彩表示阴天,用彩虹表示雨后,用闪电表示雷雨,等等。

4.2.3 物理原型

除了绘制草图和制作纸质原型的方式,我们还可以利用彩色纸张、乐高、橡皮泥、3D打印机、3D绘画笔等,将想法进行直观的立体展现。这种方法我们称为物理原型。为了让小组成员对抽象的想法有充分理解,或者为了说服相关领导或投资者,就可以通过物理原型展示创新想法。

利用物理材料制作模型,可以让想法或点子在三维空间呈现出来,使大家对想法有更深层次的理解。利用物理原型可以解释用户在使用过程中的经验、过程、路线、功能等。我们可以利用身边的物品,如彩纸、剪刀、乐高、橡皮泥、3D绘画笔、书本、杯子、硬纸板、泡沫板和软布等,迅速制作出展现创意点的立体模型。物理模型只要可以说明设计的核心概念即可,更多的细节可以在之后进一步完善。如果需要非常精确的细节,可以采用CAD制作的数字模型作为制作3D模型的蓝本，最后通过计算机控制堆叠塑料、纸和其他材料，如木头、巧克力等，通过3D打印机将蓝本变为实物。这种精致的原型展示了产品的内外结构，也会让用户测试更加精确。一些行业还会用到非常专业的材料，如使用汽车油泥来制作精确模型。

4.2.4 角色扮演

当为一种服务和流程提供解决方案，而不是为某一个具体产品提供解决方案的时候，团队成员可以扮演该服务或流程中涉及的各种人员，将创新点、故事情节等像演小品、演电影一样直接表演出来。这种方式不仅是动态的，还有真情实感，更容易让人理解。通过这种方式对用户的使用情景和步骤进行复盘的方法叫作角色扮演，这种方法的好处是生动形象，代入感强，在呈现过程中往往极具戏剧效果，是设计原型阶段的一种常用方法。

"唐普雷斯酒店与空间设计师的杰作"的故事讲的是一个由空间设计师组成的富有想象力的团队，在旧金山湾区租下了一间旧仓库，在那里，他们制作了与原物尺寸相同的大堂模型和一个用泡沫塑料芯板搭成的标准客房。他们的模型并不是要展示这个空间的外观特征，相反，这个模型起到了舞台的作用，在这个舞台上，设计师、客户团队、酒店所有者及经营者，甚至"顾客"都可以进行不同的体验，并实时实地探查那些符合人们需求的东西。设计团队鼓励所有来访者提出改进意见，并写在便利贴上，贴到模型上，这一过程带来了一大堆创新想法。此外，通过角色扮演，设计团队还对这些想法的好坏有了更准确的理解。没有哪些调研工作或模拟可以获得同样的效果。

4.2.5 视频

以上提到的原型都不太便于大规模扩散，如果希望传播到一个比较广的范围，得到远距离和更大量的反馈意见，可以考虑采用制作视频的方法。

很多人认为拍摄视频并剪辑成片是一项专门的学问，从而裹足不前，抑或是认为剪辑软件操作复杂，不敢用视频拍摄的方法表现创意。不要忘了，我们做视频的初衷是展示创意，只要把想法表达清楚即可，不需要炫酷的效果，同时随着硬件设备的不断更迭，现在用手机也能很方便地拍视频，并且有很多软件可以帮忙制作微电影，甚至增加简单的特效。视频传递的内容比视频制作的方式更重要。有好的创意之后，我们要思考是由真人表演还是用动画的方式讲述，然后选择合适的方式动手实施。

Journey 2 Creation是一家位于德国柏林的创新设计思维咨询公司，为德国铁路公司、慕尼黑再保险公司等跨国企业以及联合国儿童基金会等机构提供以人为中心的创新设计思维咨询服务。作为该公司联合创始人之一的卢卡斯·李斯特曾经描述过一次在3分钟内为德国铁路制作一条概念短片的经历。他们先是用非常简单的素描草图制作了影片中需要的元件，然后运用定格动画的方式进行摆拍，每一个元件在舞台上按故事板设定的方式移动，很快就能完成一条影片的拍摄。制作相对粗糙的概念影片还有一个好处是，比较容易获得真实的反馈和评价意见，因为观众在吐槽的时候没有太多心理负担；如果是制作非常精美的视频，用户评价中则可能包含更多溢美之词。

4.2.6 App应用

将创新设计思维的解决方案或者结果直观、形象、动态地展现出来，除了使用视频的方式，还可以制作成App。先将讨论确定的角色、流程、场景、故事、原型、草图以及通过"客户旅程地图"工具获得的结果进行总结，然后设计App应用的场景，绘制草图，接下来将App应用的界面、场景、故事与制作者进行充分沟通，使得他们对故事情景、希望表达的概念和路线图等有更深入的理解。然后制作App的专家与草图的设计团队进行讨论，相互认可，最后将设计予以实现。实现时需要进行艺术加工，利用一切可以利用的新技术，实现App应用的制作和展现。利用现代化的、直观的App应用进行创新成果展现，形象直观，修改方便快捷，便于扩散。

在原型制作阶段，我们要记住这样一句话："先把事情做成，再把事情做好。"实现原型的方法有很多种，无论采用哪一种方式，我们都不要忘记制作原型的目的。制作原型不是制造一个能工作的模型，而是对想法进行直观的展示，以便了解这个想法的优点和缺点，并找到新方向来设计更富有创意的下一代原型。

【思考与练习】

观察大型超市的收银台，找出3~5个可能改善的地方，然后通过原型来展示新的构想。

4.3 原型工具

4.3.1 小程序

提起小程序,也许很多人并不能清楚地说明这究竟是何物。但一场新冠肺炎疫情的到来,使得每个人都不同程度地使用上了"健康码"。这就是小程序井喷的一个缩影。目前,小程序已广泛应用于健康、工具、教育、网络购物等行业,借助微信、支付宝等应用,小程序能够迅速触达和下沉市场,成为重要的获客渠道和抓手。阿拉丁研究院发布的《2021年度小程序互联网发展白皮书》显示,微信小程序日活用户(DAU)已超4.5亿,小程序数量超过700万。可以说,无论你是否有清晰的感知,小程序都已经深度介入了你的生活。如果说需要一个载体将你的创新设计灵感转化为一个软件产品原型,小程序是不二之选。让我们一起来进入小程序的大世界吧!

4.3.1.1 什么是小程序

提及小程序,一般都认为是腾讯最先提出的概念。微信小程序是腾讯于2017年1月9日推出的一种不需要下载安装即可在微信平台上使用的应用程序,主要用于企业、政府、媒体、其他组织或个人的开发者在微信平台上提供服务。目前如支付宝、百度等互联网公司都有自己的小程序系统。小程序本质上是一种前端开发技术,针对不同的平台有不同的小程序开发技术。目前也有企业推出了多端统一开发解决方案,一套代码,多处运行。

鉴于目前微信小程序的影响力和用户普及率巨大,本书主要以微信小程序为例,讲述小程序的方方面面。

4.3.1.2 小程序开发基础

开发小程序的第一步,需要拥有一个小程序账号,通过这个账号就可以管理小程序。

1. 申请账号

进入小程序注册页,根据指引填写信息并提交相应的资料,就可以拥有自己的小程序账号,如图4-2所示。

图4-2 小程序注册页面

在这个小程序管理平台，可以管理小程序的权限、查看数据报表、发布小程序，等等。登录小程序后台，可以在菜单"开发"—"开发设置"看到小程序的 App ID。如图4-3所示。

图4-3 小程序开发管理界面

小程序的 App ID 相当于小程序平台的身份证，后续会在很多地方用到 App ID。

2. 安装开发工具

前往开发者工具下载页面，根据自己的操作系统下载对应的安装包进行安装。有关开发者工具更详细的介绍可以查看《开发者工具介绍》。

3. 你的第一个小程序

新建项目选择小程序项目，填入小程序的 App ID，给新项目命名，就可以新建小程序了。使用开发工具编译后，就可以在微信开发者工具中预览你的第一个小程序了，如图4-4所示。

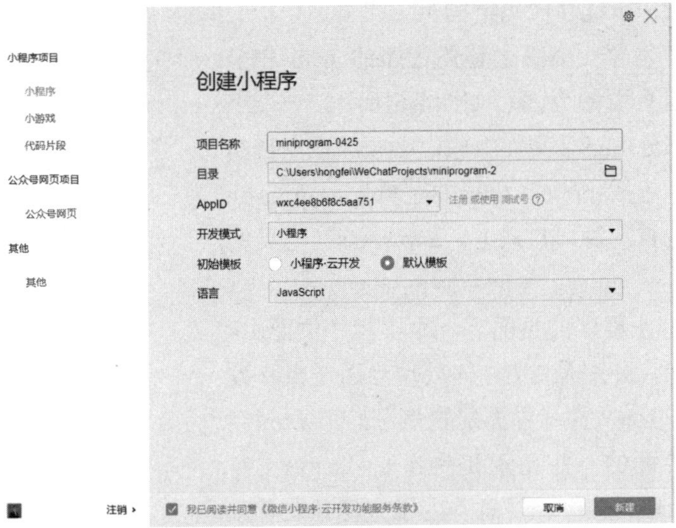

图4-4 创建小程序界面

经过以上步骤，就构建了基本的小程序开发环境，并且拥有了一个小程序Demo（演示版）。通过开发工具打包上传，并在小程序后台管理页面把小程序设置为体验版，就可以在手机端使用微信访问小程序了，如图4-5所示。

图4-5 小程序后台管理页面

以上介绍了小程序的基本概念、代码结构、开发环境和示例Demo开发内容。实际上，要想完成一个小程序的开发，还有很多内容需要了解，包括和小程序开发技术相关的小程序框架知识、自定义组件、插件等内容；还要懂得和了解一系列产品设计与管理等知识，需要进一步学习和探索。本小节给出了小程序开发的基本过程和原理，有助于开启通向小程序开发世界的大门。

4.3.1.3 小程序代码结构

小程序包含一个描述整体程序的 App 和多个描述各自页面的界面，如图4-6所示。一个小程序主体部分由三个文件组成，必须放在项目的根目录中，包括app.js（全局的逻辑），app.json（全局的配置，窗口样式），app.wxss（全局的样式）。

pages：小程序的页面。一个小程序页面由4个文件组成，分别是js文件（处理界面逻辑和数据交互），json文件（界面配置信息），wxml文件（展示界面的一些元素和内容），wxss文件（界面的一些样式）。注意，为了方便开发者减少配置项，描述页面的4个文件必须具有相同的路径与文件名。

utils：自带的一个js文件，可用于处理日期格式，在日志页面使用js文件。

图4-6 小程序代码结构

project.config.json：配置文件，文件的资源介绍，引用的文件以及窗口样式。

sitemap.json：开发者可以通过sitemap.json配置或者管理后台页面收录开关来设置其小程序页面是否允许微信索引。

4.3.1.4 小程序的运行环境

微信小程序运行在多种平台上：iOS（iPhone/iPad）微信客户端、Android 微信客户端、PC 微信客户端、Mac 微信客户端以及用于调试的微信开发者工具，如图4-7所示。

各平台脚本执行环境以及用于渲染非原生组件的环境是不同的。

- 在iOS上，小程序逻辑层的javascript代码运行在JavaScriptCore中，视图层是由WKWebView来渲染的，环境有iOS 12、iOS 13等。

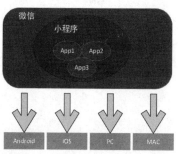

图4-7 微信小程序运行平台

- 在 Android 上，小程序逻辑层的javascript代码运行在 V8 中，视图层是由自研 XWeb引擎基于Mobile Chrome内核来渲染的。

- 在开发工具上，小程序逻辑层的javascript代码是运行在 NW.js 中，视图层是由 Chromium Webview 来渲染的。
- 在PC上，小程序逻辑层javascript和视图层javascript都使用Chrome内核。
- 在Mac上，小程序逻辑层的javascript代码运行在JavaScriptCore中，视图层是由WKWebView来渲染的，与iOS一致。

4.3.2 电子制作

4.3.2.1 物联网时代的电子制作

闹钟响起，你从睡梦中被叫醒，正在想根据今天的天气、温度应该穿什么衣服，闹钟却自动向你播报了今日的天气情况，并提醒你，天气要降温，要多穿些衣服；同时可能会下雨，请带好雨具。与此同时，窗帘自动拉开，自然光投了进来，但是由于乌云厚重，光线不足，于是卧室的灯又自动打开了，并根据此刻窗外的光照强度调节为舒适的灯光亮度。这一系列操作，就是一个小型的物联网系统的基础操作。它基于传统的电子制作技术，测量光照强度，但是可以连接互联网，获得最新的天气预报情况，同时还具备网关功能，能够控制电动窗帘系统并调节智能灯的亮度。

电子制作是实现创意原型制作的重要手段和方式，随着物联网、5G、云计算平台技术的普及，越来越多的开发者能够轻松便捷地利用这些技术升级传统的电子制作原型，使得电子制作插上了新技术的翅膀，让电子制作能够更加方便地实现创新者的创意。

传统的电子制作教程往往集中于嵌入式开发技术、传感器技术等，侧重于硬件方面的构建。而本小节将以一个小型物联网系统为例，从物联网硬件平台基础知识，到基于互联网的通用物联网协议的系统设计，完整讲述如何打造一个物联网系统。

4.3.2.2 基于Homekit的小型物联网络系统的制作

如果你有一个简单的创意——使用苹果手机实时监测家中的温度，并且能够远程控制家中智能灯的颜色、亮度等，那么使用Homekit框架来实现这个原型制作是非常好的选择。Homekit是苹果公司开发的一整套智能物联网家居框架，允许用户使用智能硬件进行通信和控制。使用Homekit框架，用户甚至可以使用Siri来控制联网设备。Homekit框架中的核心就是Homekit Accessory Protocol Specification（HAP协议）。HAP协议是苹果公司发布的一个通信协议，用iOS手机作为控制器去控制附属硬件，有两种无线连接方式，即BLE和IP。

本节重点讲述基于Wi-Fi（IP）的Homekit物联网小型系统的构建，如图4-8所示。

硬件平台的开发：乐鑫官方套件ESP32-devkitC（如图4-9所示），PC（Windows系统），micro-USB数据线，温度传感器DS18B20以及一部苹果手机，运行iOS12以上的操作系统且安装有"家庭"App。

ESP32是乐鑫最新发布的新一代 Wi-Fi & 蓝牙双模双核无线通信芯片。芯片拥有高性能Tensilica LX6 双核处理器，支持超低功耗待机，是物联网应用的最佳拍档。且乐鑫官方提供了开发套件，能极大地降低开发制作的难度和周期。

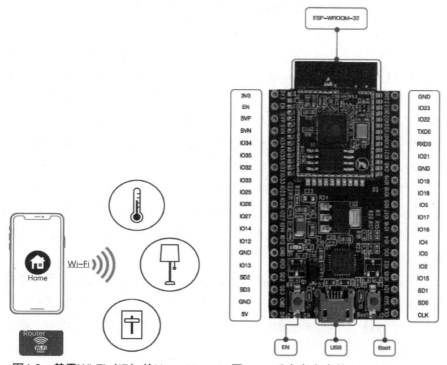

图4-8　基于Wi-Fi（IP）的Homekit物联网小型系统

图4-9　乐鑫官方套件ESP32-devkitC

软件平台的开发：下载乐鑫官方提供的预先编译好的msys2工具包，编译下载工具就可以直接获得，如图4-10所示。

开发环境运行起来，即可下载ESP32 开发套件 Espressif IoT Development Framework，即ESP-IDF。ESP-IDF目录结构如图4-11所示，主要由components、examples、make、tools、docs 5部分组成。其中components是ESP-IDF的核心组件，examples是ESP-IDF提供的示例程序，make是ESP-IDF的工程

管理目录，tools是ESP-IDF提供的工具集，docs是ESP-IDF的相关文档。

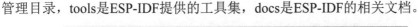

图4-10　msys2工具包

图4-11　ESP-IDF目录结构

　　ESP-IDF并不能直接产生可供烧写的二进制文件，它本身只是乐鑫提供的ESP32开发框架。我们还需要创建另一个应用工程目录来生成所需的二进制文件（App.bin）。最简单的方法是使用Espressif提供的模板工程。其中main目录用来存放用户程序代码，build目录存放编译后的二进制文件。在模板工程里就可以编译和烧写程序到硬件平台。图4-12就是一个模板工程的运行日志，可以看到ESP32成功接入了Wi-Fi网络，并打印了IP地址信息。

　　基础的模板工程省去了诸多基础工作，如boot loader的开发，系统初始化的开发，各种外设（Wi-Fi、串口灯）驱动的开发，使得开发者可以专注于上层应用的开发。接下来我们只需增加温度传感器和智能灯带的驱动以及HAP协议处理部分的代码，就可以完成该物联网系统的构建。

HAP协议处理代码如图4-13所示。

温度传感器驱动代码如图4-14所示。

智能灯带的驱动代码如图4-15所示。

经过重新编译和下载程序后，就可以看到实际运行效果了。图4-16显示了基于Homekit的温度监测系统运行效果。图4-17显示了基于Homekit的智能灯带控制系统运行效果。

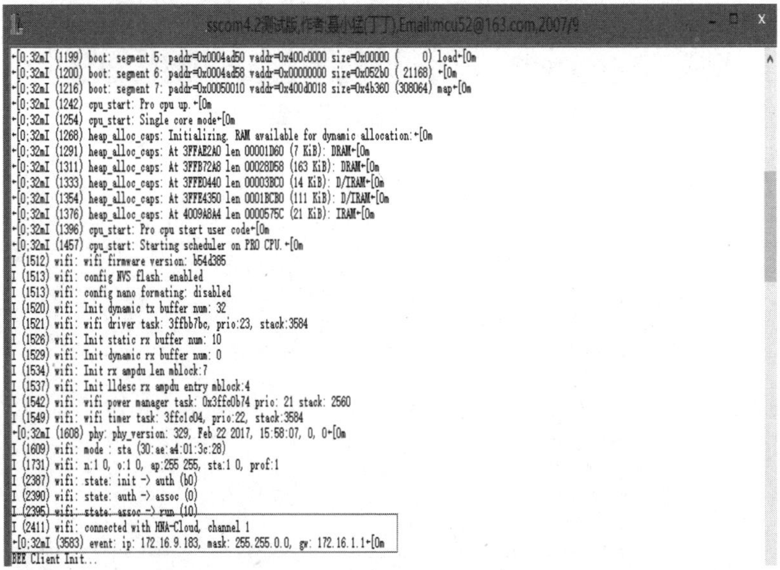


```
←[0;32mI (1199) boot: segment 5: paddr=0x0004ad50 vaddr=0x400c0000 size=0x00000 (      0) load←[0m
←[0;32mI (1200) boot: segment 6: paddr=0x0004ad58 vaddr=0x00000000 size=0x052b0 ( 21168) ←[0m
←[0;32mI (1216) boot: segment 7: paddr=0x00050010 vaddr=0x400d0018 size=0x4b360 (308064) map←[0m
←[0;32mI (1242) cpu_start: Pro cpu up.←[0m
←[0;32mI (1254) cpu_start: Single core mode←[0m
←[0;32mI (1268) heap_alloc_caps: Initializing. RAM available for dynamic allocation:←[0m
←[0;32mI (1291) heap_alloc_caps: At 3FFAE2A0 len 00001D60 (7 KiB): DRAM←[0m
←[0;32mI (1311) heap_alloc_caps: At 3FFB72A8 len 00028D58 (163 KiB): DRAM←[0m
←[0;32mI (1333) heap_alloc_caps: At 3FFE0440 len 00003BC0 (14 KiB): D/IRAM←[0m
←[0;32mI (1354) heap_alloc_caps: At 3FFE4350 len 0001BCB0 (111 KiB): D/IRAM←[0m
←[0;32mI (1376) heap_alloc_caps: At 4009A8A4 len 0000575C (21 KiB): IRAM←[0m
←[0;32mI (1396) cpu_start: Pro cpu start user code←[0m
←[0;32mI (1457) cpu_start: Starting scheduler on PRO CPU.←[0m
I (1512) wifi: wifi firmware version: b54d385
I (1513) wifi: config NVS flash: enabled
I (1513) wifi: config nano formating: disabled
I (1520) wifi: Init dynamic tx buffer num: 32
I (1521) wifi: wifi driver task: 3ffbb7bc, prio:23, stack:3584
I (1526) wifi: Init static rx buffer num: 10
I (1529) wifi: Init dynamic rx buffer num: 0
I (1534) wifi: Init rx ampdu len mblock:7
I (1537) wifi: Init lldesc rx ampdu entry mblock:4
I (1542) wifi: wifi power manager task: 0x3ffc0b74 prio: 21 stack: 2560
I (1549) wifi: wifi timer task: 3ffc1c04, prio:22, stack:3584
←[0;32mI (1608) phy: phy_version: 329, Feb 22 2017, 15:58:07, 0, 0←[0m
I (1609) wifi: mode : sta (30:ae:a4:01:3c:28)
I (1731) wifi: n:1 0, o:1 0, ap:255 255, sta:1 0, prof:1
I (2387) wifi: state: init -> auth (b0)
I (2390) wifi: state: auth -> assoc (0)
I (2395) wifi: state: assoc -> run (10)
I (2411) wifi: connected with HNA-Cloud, channel 1
←[0;32mI (3583) event: ip: 172.16.9.183, mask: 255.255.0.0, gw: 172.16.1.1←[0m
BEE Client Init...
```

图4-12 模板工程运行日志

```
int hap_event_response(void* acc_instance, void* ev_handle, void* value
);
void* hap_accessory_add(void* acc_instance);
void hap_service_and_characteristics_add(void* acc_instance, void* accs
sories_objects,
        enum hap_service_type type, struct hap_characteristic* cs, int
nr_cs);

void* hap_accessory_register(char* name, char* id, char* pincode, char*
 vendor, enum hap_accessory_category category,
                        int port, uint32_t config_number, void* callbac
k_arg, hap_accessory_callback_t* callback);


void hap_init(void);
```

图4-13 HAP协议处理代码

```
extern float dsb20_temp;
void DS_init(int GPIO);
float Read_Temperature();
void bee_ds18b20_task(void *pv);
```

图4-14　温度传感器驱动代码

```
void setup_rmt_data_buffer(struct led_state new_state)
{
  for (uint32_t led = 0; led < NUM_LEDS; led++) {
    uint32_t bits_to_send = new_state.leds[led];
    uint32_t mask = 1 << (BITS_PER_LED_CMD - 1);
    for (uint32_t bit = 0; bit < BITS_PER_LED_CMD; bit++) {
      uint32_t bit_is_set = bits_to_send & mask;
      led_data_buffer[led * BITS_PER_LED_CMD + bit] = bit_is_set ?
                                              (rmt_item32_t){{{T1H, 1, TL, 0}}} :
                                              (rmt_item32_t){{{T0H, 1, TL, 0}}};
      mask >>= 1;
    }
  }
}
```

图4-15　智能灯带驱动代码

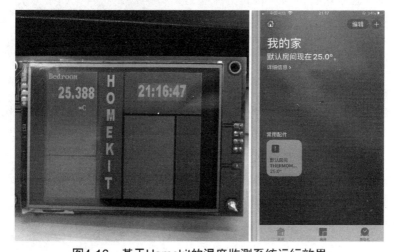

图4-16　基于Homekit的温度监测系统运行效果

图4-17　基于Homekit的智能灯带控制系统运行效果

以上介绍了基于Homekit框架的物联网小型系统的构建，涉及了硬件平台的选择和开发，软件框架的构建，HAP协议处理，传感器和智能灯带的驱动开发。必须指出的是，传统电子制作停留在实用层面，往往仅关注嵌入式技术本身。借助最新的物联网和云计算技术，可以更好地提升电子制作的体验和美感。用高品质材料、最有创意的方法、更先进的互联网技术来制作，用创新重新定义电子制作之道，这是我们将创意转化为原型过程中不懈追求的目标。

4.3.3　3D打印

【案例分析】

美国新泽西理工学院设计专业的阿莫斯·达德利（Amos Dudley），牙齿"东倒西歪"，每次笑的时候都很尴尬！"笑不露齿"不是个长久之计，再加上隐形透明牙套太贵，于是这个"穷学生"就利用自己的专业优势和学校最先进的3D打印机（新泽西理工学院设计专业学生能免费使用），又去查了怎么矫正牙齿，设计制作了牙套，如图4-18所示。

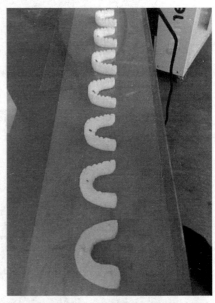

图4-18　阿莫斯·达德利设计制作的牙套

最后他打印了12套，每天都戴着，连续16周，效果非常好，如图4-19所示。

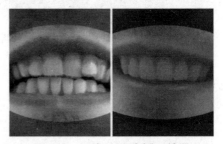

图4-19　3D打印牙套矫正效果

其实生物3D打印技术已在医疗模型、个性化医疗植入物、仿生组织修复、手术器械、药物试验等医疗领域获得初步应用，未来或可用来制造活体组织和器官。

3D打印技术是快速成型技术的一种，它是一种以数字模型文件为基础，运用粉末状金属或塑料等可黏合材料，通过逐层打印的方式在X—Y平面内通过扫描形式形成打印物的截面形状，而在Z坐标间断地做层面厚度的位移，最终形成三维制品。简单地说，3D打印技术是一个利用数字模型制造出三维固体物品的技术。3D打印是通过叠加过程来实现的，在这个过程中，物品通过连续放置多层材料，并基于喷墨技术制造出来。3D打印不同于传统的加工技术（去除过程），后者多依赖于钻孔、切制等工序来去除多余材料。3D打印经常使用材料打印机来操作，自2003年起这种机器的销售量就开始大幅度增长，3D打印机的费用也开始降低。这项技术也开始应用于珠宝、鞋类、工业设计、建筑、工程和施工（AEC）、汽车、飞机、牙科和医疗工业、教育、地理信息系统、土木工程及其他领域。

随着3D打印技术的发展与普及，我们在制作物理原型的时候可以利用3D技术将好点子快速呈现在大家面前。如果对精度要求不高，从一幅平面的设计图到完成建模、打印等一系列步骤只需要几小时，并且费用低廉。如果需要非常精确的细节，可以采用CAD制作的数字模型作为制作3D模型的蓝本，辅以其他手段，将蓝本变为实物。这种精致的原型展示了产品的内外部结构，也会让用户测试更加精确。

要实现3D打印模型，具体我们该怎么做呢？首先要建模，也就是绘制3D数字模型文件。3D建模软件有很多，如Solidworks、3D MAX、MAYA等。但这些都是比较专业的软件，入门比较难，操作比较复杂，不适合新手，推荐大家使用容易上手的Tinkercad。

Tinkercad是Autodesk公司出品的一款在线、免费、简单易用的，集3D建模、电子电路设计和编程于一体的软件。Tinkercad不仅是工具软件，更是全世界用户之间可以交流分享创意的社区，全球有近1200万Tinkercad注册用户。Tinkercad是基于 Web 的软件，入门简单，上手容易，适用于所有年龄的用户，从设计师、业余爱好者、教师到儿童，都可以使用，可用于制作家居装饰品、玩具、珠宝首饰、Minecraft 模型等。无论是使用学校的教育专线，还是家庭的电信移动网络，均有流畅的建模体验。要使用Tinkercad，首先需要打开网站https：//www.tinkercad.com，页面如图4-20所示，然后注册，单击右上角的"JOIN

NOW"进行注册。

图4-20 Tinkercad网站首页界面

网站默认是英文的,如果不习惯英文界面,可以在首页的底部进行设置,如图4-21所示。

注册完,登录网站,会来到图4-22所示的页面,点开"创建新设计"进入工作页面,开始自己新的设计。如图4-23所示,从右侧把模型拉出来,下拉有更多模型。

图4-21 设置页面显示为中文

图4-22 登录后页面

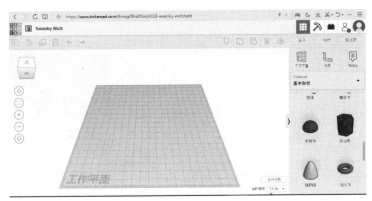

图4-23　工作页面

如果你是新手，还不知道如何使用，可以先看网站自带的一系列免费课程进行学习，单击主页顶部右侧"Learn（学习）"项，进入如图4-24所示的页面，即可观看操作教程，很快即可上手，然后开始自己的设计。

设计完3D模型之后，单击右上角"导出"，导出模型文件，一般选择STL格式。这个文件还不能直接用3D打印机进行打印，还需要用切片软件对其进行处理。切片软件主要是用来转换格式的，可以调整模型的比例大小、打印的方法、打印时间等。不同的打印机可能配有不同的切片软件，当然有的切片软件可以支持多个厂家的打印机，大多是一些品牌机，如图4-25所示。这里以工作室的MakerBot Replicator打印机为例，先安装厂家提供的切片软件，这里用的是MakerBot Desktop Version3.8.1.167。软件打开如图4-26所示，平台上方线框围成的空间是打印机能容纳模型的范围，这个尺寸和打印机实体的尺寸是一模一样的。然后，按照图4-27所示选择机型。单击"File"下面的"Open"，打开上面保存的STL格式的模型文件。

在对模型进行操作前，先了解鼠标的使用。

左键单击模型，选择模型，模型处于选中状态时会高亮显示且有黄色轮廓。模型处于选中状态时，单击任何空白区，可取消选中状态。

滚动鼠标滚轮，可放大或缩小视图显示（注意不是模型大小）。

按住鼠标滚轮，拖动鼠标，可平移视图在屏幕上的位置。

按住鼠标右键，拖动鼠标，可旋转视图以改变观察角度。

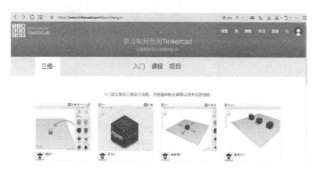

图4-24　Tinkercad使用教程页面

图4-25　3D打印机

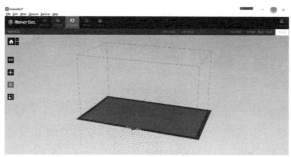

图4-26　MakerBot Desktop软件界面

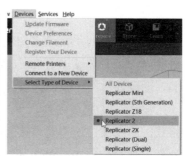

图4-27　选择机型

在视图左侧有一些模型操作图标，功能分别如下。

1. 改变视角

点图标可恢复软件默认视角，"+"为放大视角，"-"为缩小视角。

单击图标，变为红色，再次单击鼠标左键即可看到图4-28所示的Change View（改变视角）对话框，分别单击"Top""Side""Front"，即可从俯视、侧视、前视视角观看，单击"Reset View"为恢复到默认视角；也可以用鼠标右键按住工作台，滑动鼠标右键进行视角调整。

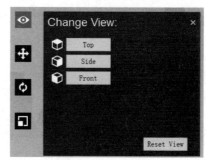

图4-28　改变视角

2. 改变模型位置

选中模型，然后单击鼠标左键选中工具后，变为红色，再次单击鼠标左键（或者双击）即可看到图4-29所示对话框。没有选中模型的时候，显示如图4-29（a）所示；选中模型时，对话框中显示其坐标位置，如图4-29（b）所示。模型默认是放在打印机正中间，可以直接输入数字调整模型位置，也可以点击上下箭头调整，亦可以用鼠标左键拖动模型改变位置，拖动的时候可以看到数字的变化。按住鼠标左键，拖动鼠标，改变模型在X、Y轴方向的位置；同时按住shift键和鼠标左键，上下拖动鼠标，改变Z轴方向位置；想放到中间，直接点"Center"即可。

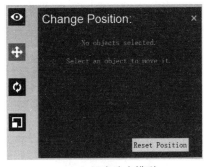
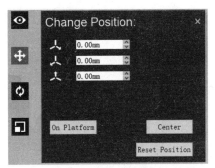

（a）没有选中模型　　　　　　　　　（b）选中模型

图4-29　改变模型位置

单击"On Platform"（在平台上）后，Z轴坐标为0，模型贴在打印平台上。尽可能将模型位置设置为On Platform（特殊情况除外，如有多个模型或要堆叠在上方的情况），Z轴坐标为0。如果Z为负值（即部分模型处于打印机托板下方），打印喷头可能会冲撞打印平台；如果Z为正值（即模型悬浮在打印机托板上方），打印时需要添加原本不必要的支撑。

单击"Center"，将模型放在托板中心，尽可能将模型放在托板中心区域。

单击"Reset Position"（恢复位置），恢复到上一次保存的位置。

3. 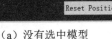旋转模型

选中模型，然后单击鼠标左键选中工具后，变为红色，再次点鼠标左键（或者双击）弹出图4-30所示的"Change Rotation"（改变旋转角度）对话框，可以直接输入数字调整模型角度，也可以点击上下箭头调整，亦可以用鼠标左键拖动模型改变角度，拖动的时候可以看到数字的变化。调整好之后一定要点"Lay Flat"，让模型底部紧贴着打印机托板，点一下可以看到模型的底部紧贴着打印机托板。点击"Reset Rotation"，将模型恢复为载入模型时的方位。

4. 调整模型大小

选中模型，然后单击鼠标左键选中工具后，变为红色，再次点鼠标左键（或者双击）弹出图4-31所示的"Change Dimensions"（改变尺寸）对话框，可以直接输入数字调整模型大小，也可以点击输入框右侧的上下箭头进行调整，亦可以用鼠标左键拖动模型改变大小，拖动的时候可以看到数字的变化。

"Scale To"：按百分比缩放模型大小。

"Uniform scaling"（等比缩放）：勾选则改变某个轴向的尺寸，其他轴向的尺寸等比例缩放；不勾选，改变某个轴向的尺寸，其他轴向的尺寸不变。

"Inches→mm"：单击它，将以英寸为单位的模型尺寸转换为毫米。

"Maximum Size"：将模型调整为打印机所能打印的最大尺寸。

"Reset Scale"：将模型恢复为载入时的尺寸。

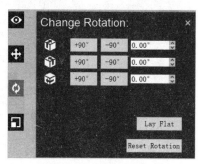 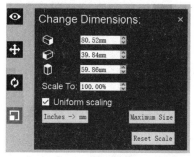

图4-30　模型旋转工具　　　　图4-31　调整模型大小

调整好模型后，打印前，还需进行打印设置，点"SETTINGS"（设置）弹出"Print Settings"（打印设置）对话框，如图4-32所示。当用户修改了某个参数，与默认设置不同时，该参数会有"*"标记，以提示用户。任何时候单击"Restore Defaults"，都可重新载入默认参数设置。

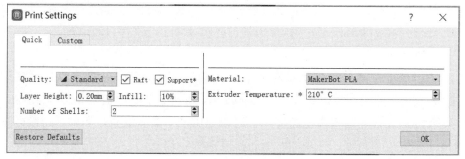

图4-32　打印设置对话框

"Raft"：默认是勾选桩体，指基板（也称底座）。基板是在打印目标物体之前打印的扁平底座，模型打印在基板上，基板有助于将物体牢固地黏附到打印机托板上。如果不勾选"Raft"，目标模型将直接打印在打印机托板上。

"Support"：当模型出现悬空部分时，在下方所打印的临时性支撑、支架。默认不勾选。

"Quality"：只打印精度，有"Low"（低）、"Standard"（标准）、"High"（高）3种选择，对应层高和填充率默认值分别为0.30mm和20%、

0.20mm和10%、0.10mm和15%。

"Layer Height"：层高，层高越小，打印出的模型表面（Z轴方向）越细腻。不管单层厚或薄，打印机打印一层的时间是相同的，因此层高越小，总层数越多，打印总时间越长。

"Material"：设置所用的材料，要与打印机所装载的材料一致。

"Extruder Temperature"（挤出温度）：软件会根据所设置的材料，自动调整碰头的默认温度，MakerBot ABS、MakerBot PLA和MakerBot Dissolvable Filament分别为230℃、210℃和250℃。

打印之前可以预览一下打印情况，单击右上方的"Preview"，可看到模型的打印情况，打印完成后效果如图4-33（a）所示，可以看到模型总层数、打印完成所需材料和时间。图中模型下方扁平的片即Raft。勾选"Show Travel Moves"复选框可显示碰头的运动轨迹（图中黑线），拖动左侧的滑块可看到每一层的情况，如图4-33（b）所示。单击右下角的"Export"，将打印文件保存在相应位置。除采用此方式进行打印文件导出之外，也可通过菜单"File"下的"Export…"进行导出，保存类型为.x3g文件，文件名勿用汉字，MakerBot打印机不能识别汉字。将打印文件拷贝到打印机的SD卡中，然后插到打印机上进行打印。

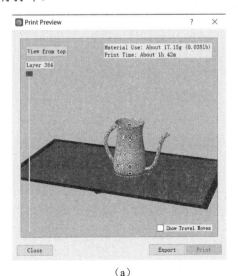
(a)

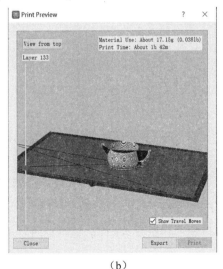
(b)

图4-33 打印预览

打印机的LCD屏右侧是操作面板，如图4-34所示。其中心是M键，周围是4个箭头按钮，用箭头按钮浏览LCD菜单，用M按钮进行选择。这里选择"Build from SD",从SD卡中打印。

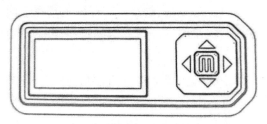

图4-34　打印机操作面板

由此可见,制作一个3D模型需要4步。第一步建模,第二步切片处理,第三步打印,第四步修整。

【思考与练习】

（1）注册小程序开发账号,并完成一个基本示例小程序Demo。

（2）试用3D技术制作原型,展示项目组的创意。

Innovative

Design 第5章

展现最终
创意产品

Thinking

5.1 交付作品的形式

做出创意产品的原型以后，我们需要将其以交付物的形式交付给客户。常见的交付形式除了产品原型外，根据项目特点，有时还需要文档、PPT、视频影像等多种形式。

【案例分析】

学生在设计一款校园订餐App的时候，除了软件Demo的交付，他们还制作了客户需求调查报告，并以PPT的形式进行了分享汇报，如图5-1所示。

图5-1 校园订餐App交付PPT案例

在北京大学张海霞教授团队的《创新工程实践》课上，有个学生团队所做的作品是"音乐积木"，他们选择提供的交付形式是创意原型及视频影像。视频中介绍了他们项目的设计过程、原型制作过程以及产品的测试过程，从不同角度展示了原型的功能及特点，有很强的感染力和说服力，如图5-2所示。

当你的创意用现有技术手段无法直接制作展示的时候，也可以利用视频影像来进行展示。比如有一组学生，她们的作品名称是"智能气味手机"，而利用现有的技术和材料很难实现想要的效果，因此她们通过拍摄视频充分展示了这一创意。值得一提的是，虽然她们的拍摄技术并不专业，但是在视频中，她们为创意产品设计了故事场景，因此更加直观且生动有趣，如图5-3所示。

图5-2 音乐积木交付视频影像案例

图5-3 智能气味手机交付视频影像案例

在展示产品原型的时候,最常用的交付形式是配合提交文档说明或PPT,特别是PPT,它比视频简单易做,并且能以文字、图形、色彩及动画的方式,将需要表达的内容直观、形象地展示给客户,让客户对设计者要表达的意思印象深刻。具体来说,PPT能做到以下三点。第一,吸引,用美观、炫目的平面图和动画设计吸引客户的注意力;第二,引导,帮助我们突出演示设计的重点,帮助客户理解演示的内容,跟上演示的节奏;第三,体验,协助营造适宜的演示氛围,通过感性的视觉信号增强客户对演示的良好印象。

所以，交付作品的形式不是单一的或一成不变的，它需要根据项目的类型、客户的需求，进行调整和设计。

> 【思考与练习】
> 试用视频剪辑软件，为项目组的创意做一段3分钟的视频。

5.2 项目汇报

5.2.1 沟通与表达

【案例分析】

奔驰女车主哭诉维权

2019年4月，西安"奔驰女车主哭诉维权"的视频在网络上流传后，引发了社会媒体和大众的广泛关注。视频中的女子表示，她在西安某4S店首付二十多万元，购买了一辆奔驰车。岂料，新车刚开出4S店院子，就发现车辆发动机存在漏油问题。女车主交涉未果后，坐在汽车引擎盖上"哭诉"。后来因为媒体的介入，事情取得了进展，双方和解，4S店也受到了相应的处罚。

这位女士的爆红，是由于坐在奔驰车上哭诉这个戏剧性的动作，她自嘲是"撒泼""丢脸"，行为虽然泼，但是言语上一点也不泼，她坐在奔驰车上说的每一句话都打在了关键点上。女车主的几次出场，每次都逻辑严密、直指重点问题。

"大哥，这个车我没开出门啊！发动机漏油，你跟我讲三包，给我免费换发动机，你觉得合适吗？"

"一公里都没开就换发动机，简直是无妄之灾！真换了发动机，连二手车都卖不出去，我为什么要接受？"

视频不到5分钟，重点就是这三句话，三句话都紧扣核心。但是现实中，很多人在这种情况下论理的时候，都会缠夹不清，常被情绪带偏，变成"吐槽大会"。但是这位女士一开口就直接抓住重点，并没有像泼妇骂街一样，将陈芝麻烂谷子都抖出来，让别人一头雾水。她的成功之处在于不仅有理有据地表达了自己的诉求，更用一句话成功赢得了围观群众和网友的支持。"我是受过文化教育的人，但是，这件事让我觉得，我几十年的教育受到了奇耻大辱。"就是这句话引起了极大的同情，人们纷纷感叹，社会最大的悲哀，就是逼迫好人变"坏"！而我们都不愿这样的事情发生。

随后，女车主与店方高管近18分钟的谈话录音曝光。店方高管说的话，有很多漏洞，全部被女车主抓住并反驳回去。

高管说："见不到您是因为我在德国和北京开会。"

女车主回怼："不管您在哪个国家，电话都能联系到，这不是古代，不是一维时代，这个说辞和道歉我不理解，不接受。"

高管说："流程缓慢，因为需要跟奔驰公司沟通。"

女车主回怼："流程缓慢，你们公布和解怎么那么快？我是在你这里买的车。我是做餐饮的，如果顾客在我店里吃出了问题，我是不是要找农民？"

高管说："国家'三包'规定，只能换发动机。"

女车主回怼："国家'三包'同样规定，修车超过5天提供备用车。中间我4次联系奔驰400客服电话，应该都有录音，他们说的是，配不配备用车根据各店情况而定。'三包'条款有利于你的，你就拿出来搪塞；有利于我的，你就说看情况而定。"

事件中，女车主的三个回应都在就事论事的范畴，没有过激的言语，无论是电话联系，还是流程问题，都说得有理有据，符合常理。当遭遇了类似事件，我们唯一能够凭借的，就是自己的智慧和自己说话的本事。奔驰女车主的案例告诉我们，拥有好的沟通表达能力、清晰的思维能力，是多么重要。

在我们运用创新设计思维产生创意、实现创意以及展示创意的过程中，良好的沟通表达能力是非常重要的。一个创意产品需要有客户，而要想让客户对产品满意就需要我们运用沟通技巧，让客户看到产品的优点。有时候，沟通表达能力对于我们来说，与专业能力同样重要。如果没有良好的沟通表达能力，即使专业能力再强，但是表达不出来，或表达不准确、不清楚，让客户无法了解我们的真实想法，合作也无从谈起。沟通与表达是一种行为习惯，也是一项技能，是可以通过后天学习获得的。

沟通是人与人之间、人与群体之间思想与感情的传递和反馈的过程。人们通过沟通可以让意见达成一致，让情感表达得以通畅。优秀的沟通技能是一个人立足社会的基本能力。

5.2.1.1 沟通

沟通是维护良好人际关系的重要途径之一。任何组织都是由形形色色的个人构成的。无论是亲人之间、朋友之间，还是同事之间，若不能进行正常的沟通，就会导致信息链条中断，人际关系疏远，隔膜就会产生，人心就会涣散，就会出现提防、对抗、冲突、误解和扭曲的不良现象。

面对日益复杂的社会关系，我们希望自己能够建立和谐、融洽、真诚的家庭关系、朋友关系以及同事关系；面对激烈的市场竞争，我们希望自己能够锻造出一支上下齐心、精诚团结的企业团队，希望企业能够在一种良好的外部环境中运作，能在与顾客、股东、上下游企业、社区、政府以及新闻媒体的交往中塑造良好的形象，等等，而沟通是实现这一切的基础。

1. 沟通的主要类型

沟通，其实就是人们在互动过程中通过某种途径或方式将一定的信息从发送者传递给接受者，并获取理解和反馈的过程。沟通是人与人之间转移信息的过程，它是一个人获得他人思想、感情、见解、价值观的一种途径，是人与人之间交往的一座桥梁。有时人们也用交往、交流、意义沟通、信息传达等术语。通过这座桥梁，人们可以分享彼此之间的感情和知识，也可以消除误会，增进相互之间的了解。沟通的信息是包罗万象的。在沟通中，我们不仅传递了消息，还表达了自己的赞赏、不快之情，或提出了自己的意见和观点。这样，沟通信息就可分为事实、情感、价值观、意见和观点。

依据不同的划分标准，沟通可分为言语沟通和非言语沟通两种类型。言语沟通建立在语言文字的基础上，又可细分为口头沟通和书面沟通两种形式。人与人之间最常见的交流方式就是交谈，也就是口头沟通。最常见的口头沟通包括演说、正式的一对一讨论或小组讨论、非正式的讨论以及传闻或小道消息传播。书面沟通包括备忘录、信件、组织内发行的期刊、布告栏等一切传递书面文字或符号的手段。前者沟通形式灵活、生动，反馈迅速；后者沟通形式正式、规范，具有严肃性、权威性，能够保证信息交流的准确性和保存的长期性。

2. 沟通能激发创造力

沟通就是信息的传递。而且，沟通的双方不只是单一地传递信息，它还在信息互换中产生令人愉悦的创造激情。因此，善于沟通也是富有创造力的一种表现。我们自己也经常有这样的举动，和别人谈话时，谈着谈着，突然灵光一闪："有了！"有什么了呢？当然是谈话谈出了"鬼点子"！所以，我们所倡导的沟通，绝不是简简单单地与对方打个招呼、走走过场，而是深入了解实情，仔细去倾听，运用发散型及收敛型思维，并通过"沟通"这个桥梁，把我们头脑中的"1+1≥2"的理念做足、做透。

沟通能激发创造力，要达到这一点，最重要的不是沟通的次数，而是从中开拓创造性思维。生物学家莫里斯·威尔金斯与弗朗西斯·克里克是好友，他俩经常会面，一起用餐，讨论科学问题。詹姆斯·沃森来到剑桥后，也自然而然加入他们的行列。由于威尔金斯无法在工作上与同事罗莎琳德·富兰克林开诚布公地沟通及讨论，郁闷之余，不免向具有共同兴趣的克里克和沃森吐露了一些心声，无意间透露了一些实验室的"机密"。克里克与沃森不乏慧心，就"机密"的深度展开了争论，但正是这样的争论，成为克里克与沃森创造力的来源，后来他俩被人们视为"解开DNA之谜"的人。威尔金斯说，他与富兰克林之间缺乏开放的气氛，产生分歧也是选择逃避的方式，根本没有积极寻求解决之道，导致虽然拥有实验数据，可能解开DNA构造之谜，却错失良机，而让旁人赢得了"大奖"。这个例子给了我们一个启示，即只要做有心人，任何形式的沟通，商谈也好，争论也罢，都是创造力真正的来源。

如今社会，竞争越来越激烈，要在竞争中立于不败之地，人的创造力起着很大的作用。一个人的创造力是有限的，而集体的创造力却是无穷的。因为大家有不同的背景，每个人都贡献一点创意，那么团队离创新就会越来越近。

3. 沟通是生存的需要

沟通不仅仅是一个抽象的动词，而且是人们日常生活中的主要行为之一。一个人从早上起床到晚上睡觉，都在做各种各样的事情时与人沟通，说得通俗一些，沟通就是人与人之间打交道的过程。在当今激烈竞争的时代，每个人都应当懂得沟通的重要性。在现代社会，相互协作显得越来越重要，闭关自守、故步自封是没有出路的。社会如此，个人也是如此。在日常生活中，我们经常有这样的体会。沟通能力强的人能把平平常常的话题讲得引人入胜；沟通能力弱的人即使讲的内容非常好，听起来也会让人觉得索然无味。有些建议，沟通能力强的人一说就通过了；而那些沟通能力弱的人却连诉说的机会都没有。同样一件需要与别人商谈的事情，不同的人去面谈，结果大相径庭，有的人不仅达不到5×5的效果，甚至连5+5都做不到。如果成了5-5，那就真应验了中国那句古话：成事不足，败事有余。

因此，沟通尤为重要，若想在社会上游刃有余，就要掌握沟通技巧，它不仅仅是一门学问，还是我们获得事业成功的资本，会给我们带来好的运气。

需要强调的是，沟通是一种能力，不是一种本能。本能是天生具备的，能力却需要通过学习才会获得。

4. 提升沟通能力，在于日常积累

许多人以为口才只是口上之才，他们以为沟通能力好的人，只是天生就很会说话。这种看法是片面的、肤浅的。固然，沟通能力需要一定的语言天赋，但天赋并不决定结果。沟通能力还有赖于相当的训练，口才的实际基础建立在思考、观察、常识之上。没有这些基础，光是口齿伶俐，也不能成为一个会沟通的人。追本溯源，一个善于沟通的人，必然会经常在观察和思考上面下功夫。不断地扩充自己的兴趣，积累知识，因此谈话的题材非常充实。著名剧作家曹禺曾说，哪一天我们对语言着了魔，那才算是进了大门，以后才有可能登堂入室，成为语言方面的富翁。在日常中，我们可以通过深入生活、扩大自己的知识面、多阅读书籍等方法来锤炼自己的语言。人们经常说，生活是语言最丰富的源泉。要使自己的语言丰富起来，一个闭门造车、与外面世界无接触的人，是很难如愿的，因此也要加强与外界的沟通交流。老舍曾说："从生活中找语言，语言就有了根。"这话含有很深刻的道理。

5.2.1.2 表达

表达是将思维成果用语言或文字等方式反映出来的一种行为。表达以交际、传播为目的，以物、事、情、理为内容，以语言为工具，以听者、读者为接收对象。

1. 表达能力就是竞争力

在以自然经济为基础的农业社会，社会生产力水平十分低下，交通闭塞，人们过着自给自足的生活，相互之间的经济往来很少。那时，人们只要求"书同文"，而不要求"语同音"，更没有意识到口语表达能力的重要性。当我们从传统的经济结构和社会结构中走出来之后，一个崭新的商业社会出现在我们的面前。在现代社会，构成社会的各个要素都处在复杂的联系和不断的流动状态中，如人流、物流、信息流，其中，人是形成这种流动的关键因素。而人与人之间的联系和交流，必须通过语言表达才能实现。随着社会的发展，人们对口语表达能力的要求也越来越高。口才是当今时代的核心竞争力，生活中很多人口才不好，许多本应属于他们的美好事物——创业、高薪、升职、事业、爱情……都因为拙嘴笨舌、不善言语而与他们擦肩而过。表达能力决定人的生活质量，影响人的一生。

2. 表达的任务清单

- 吐字清晰、归音到位。
- 掌握情、声、气的统一。

- 学会清晰地表述事情的自然进程。
- 学会用合理的语言描述事物。
- 掌握小组讨论的特点。
- 培养良好的说话态度。
- 筛选、撷取和整理相关资料,组织好话语。
- 选定立场,确立个人观点。
- 适当地展开讨论。
- 掌握说话的条理。
- 掌握引导讨论的技巧:组织讨论、归纳意见、提问。
- 多角度论述,观点明晰,见解精辟。
- 论证有力,言之有据。
- 回应别人发言时,针对问题,说话具体。
- 适当地陈述观点,说服别人。
- 妥善地承接话题。
- 适当地提出不同意见及修正他人错误。
- 仪态得体,表现自信,适当运用手势、表情加强表达力度。
- 正确地传递自己对某个问题或者某件事情的情感态度。

5.2.2 讲故事

【案例分析】

一个失明的老人坐在一栋大厦的台阶边乞讨,他的旁边放了一张纸板,上面写着"我是个盲人,请帮帮我"这几个字。他是那么可怜,可是路过的人却很少回应他,给他帮助。

一个女孩子从他旁边走过,突然回身,把老人的纸板翻了过来,然后唰唰唰地写了一行字,写完后就离开了。

在这之后,奇迹发生了——因为从这一刻开始,路过的人们纷纷把硬币放到老人跟前。

过了一段时间,有一次女孩再次路过,询问老人最近收入情况如何。老人说:"最近收入增加很多。你能告诉我,你在我的纸板上写了什么吗?"

女孩回答说:"我表达的是同样的意思,只是用了不同的语言。"她写的是:"这真是美好的一天,而我却看不见。"

通过这个故事,我们发现"我是个盲人,请帮帮我"讲的是道理;而这个聪明的女孩写的却是一个故事。

讲故事不是编造用以消遣娱乐的奇异情节,而是制造一种情境并将人们带入其中,让大家跟随着你一起呼吸、心跳。

5.2.2.1 讲故事是必备技能

大家经常会听到一些故事,也会学着讲一些故事。同学、同事、朋友之间,也会经常在一起分享学习、工作中的点滴,讲述生活中的琐事。但有一个奇怪的现象,当我们需要在正式的场合做汇报的时候,却总是忘记采用讲故事的方式。提起讲故事,我们都会想到乔布斯在苹果公司的产品发布会上侃侃而谈的样子,他不是在推销产品,而是在用故事营销一种价值。讲故事可以让我们的表达更具影响力,也是现在社会人必备的一项技能。

用枯燥的语言讲述一个全新的、未经考验的创意,就如同只用单薄的文字去描述一幅画作。但是通过讲故事的方式告诉大家这个创意未来可以如何创造价值,就如同用色彩来装饰画布。就这样,全新的概念变得不再抽象。讲故事的关键在于抓住倾听者的心理,提高他们的感受度,进而让听众对讲故事的人和他介绍的产品印象深刻。正因如此,讲故事也是需要一定技巧的,这样才能有效发挥出故事的基本功效。

5.2.2.2 好故事的组成

1. 环境、人物、情节

环境、人物、情节提供了最基本的故事架构。很多人不知道如何讲故事,是因为他们并不清楚一个故事中需要讲些什么东西,或者说应该讲述哪些基本的内容。小说有三个要素——环境、人物、情节。讲故事同样可以以这三个要素来构建最基本的框架。

环境:任何一个故事都需要在一定的背景下发生,这个背景就是我们所说的环境,也就是介绍整个故事是在什么样的情况下发生的。

人物:人物是整个故事中最重要的因素,如果没有人物,或者没有突出人物的特点,那么整个故事的讲述就是失败的。

情节:情节是讲故事人所描述的事件发展、演变的全过程。人物的性格必须在相应的活动中表现出来,而这些活动就构成了故事的情节。

对于任何一个故事来说,以上三点都是不可或缺、相辅相成的,共同构成了故事的基本框架。

2. 设置曲折的情节

作家劳伦斯·维森特在他的著作《传奇品牌》一书中指出："一个好的情节可以使叙事中发生的每件事情之间都有着很强的逻辑性，前因后果之间的关系非常清晰。"从一个精心构建的情节中移去任何一件事情，都会使整个故事崩溃。

3. 悬念必不可少

为了提升故事的吸引力，讲故事的人通常都会为所讲的故事设置一些悬念，来引发观众急于得知结果的迫切心理，这样可以吸引听众的注意力，并使他们尽可能长时间地保持这种注意力。

4. 感情投入要恰到好处

在讲故事的过程中，情感的交流必不可少，可以通过感情的释放和表达来展示自我，引起他人积极的回应。在讲故事的过程中，有情绪上的波动以及感情的投入，整个故事才不会显得枯燥和乏味。

5. 细节必须补充到位

好的故事常常注重对细节的把握，重点对某些突出的生活场景、细节进行刻画。有的时候我们对于细节的描述，往往会给听众制造一种身临其境的感觉。

5.2.2.3　讲故事的注意事项

讲故事需要注意以下6点。

第一，讲故事一定要保持故事的整体性，不要切割和分裂故事。

第二，所有的表达都要围绕着主题。

第三，要保持自然的风格。

第四，要避免居高临下的姿态。

第五，一次最好讲一个故事。

第六，简单是最好的表达方式。

5.2.2.4　让演讲成为讲故事

在演讲过程中，我们经常需要运用故事来阐述主张，抒发情意。这样做，不仅可以充实演讲内容，丰富主题思想的内涵，而且能够增强表达效果，激发听众情感上的强烈共鸣。

【案例分析】

1937年10月11日，罗斯福总统的私人顾问亚历山大·萨克斯受爱因斯坦等科学家的委托，在白宫同罗斯福进行了一次会谈。会谈的主要目的是，要求总统重视原子能的研究，抢在德国之前造出原子弹。

萨克斯先向罗斯福面呈了爱因斯坦的长信，接着读了科学家们关于发现核裂变的备忘录。然而，总统对这些枯燥、深奥的科学论述不感兴趣。虽然萨克斯竭尽全力地劝说总统，但罗斯福在最后还是说了一句："这些都很有趣，不过政府若在现阶段干预此事，似乎还为时过早。"

这一次交谈，萨克斯失败了。

第二次，罗斯福邀请萨克斯共进早餐。萨克斯十分珍惜这个机会，决定再尝试一次。萨克斯知道总统虽不懂物理，但对历史却十分精通。

"英法战争期间，"萨克斯开始谈历史，"在欧洲大陆一往无前的拿破仑，在海战中却不顺利。这时，一位年轻的美国发明家罗伯特·富尔顿来到这位伟人面前，建议把法国战舰上的桅杆砍断，装上蒸汽机，把木板换成钢板，并保证这样便可所向无敌，很快拿下英伦三岛。但是，拿破仑却想，船没有帆就不能航行，木板船换成钢板船就会沉没。他认为富尔顿是个疯子，把他赶了出去。历史学家在评价这段历史时认为，如果拿破仑采取富尔顿的建议，19世纪的历史将会改写。"

萨克斯讲完后，目光深沉地注视着总统，他发现总统已陷入了沉思。过了一会儿，罗斯福平静地对萨克斯说："你胜利了！"萨克斯激动得热泪盈眶。

列举一大篇枯燥、难懂的科学数据，不如直接用故事来支撑你的观点，这样会让你的演讲更加生动形象且引人入胜，有助于听者对你的观点进行深入思考并产生认同。

用故事来支撑演讲，演讲者也可以在演讲的开头讲述一个事例，然后针对这个事例的思想内容进行阐发，从而导出自己的观点，为接下来的议论和说理奠定基础。

凯尔西·鲁格（Kelsey Ruger）是一位活跃于设计界、科技界和商业界的跨界冒险家，他的演讲不但内容引人入胜，而且融合了视觉、故事和表演的元素。他的演讲的每一部分都可以独立呈现，但是将这三种元素组合在一起，会进一步强化他想表达的意思。

演讲的第一步是定义听众，可以用下面9个问题思考你与听众之间的关系。

- 他们是谁？他们怕什么？他们想要什么？
- 听众的年龄多大？

- 听众在社会经济结构中位于什么层次？
- 你是否在用听众的主要语言说话？
- 你与听众有什么不同之处？
- 你与听众有什么相同之处？
- 听众的地位与你相比如何？
- 听众最近有什么好消息或坏消息？
- 你是否认识在听众中适宜点名发言的人？

另外，清晰的结构可以使演讲主题始终鲜明。按照《PPT演绎》一书，演讲通常可以分为4部分。

第一部分：讲一个故事。

第二部分：详谈问题。

第三部分：描述解决方案。

第四部分：呼吁采取行动。

第一部分起着举足轻重的作用，因为它可以把听众的注意力吸引到问题上，只有这样，演讲者才能继续介绍问题及其解决方案。

【思考与练习】

（1）请你写一段文字，向一个5岁的小男孩描述一下如何系鞋带。

（2）选择一个你曾经参与过的项目，以故事的形式设计一段10分钟的汇报，体现讲故事的框架逻辑。

第6章
创意案例分享

6.1　基于创新设计思维的开放物理空间设计

6.1.1　基于创新思维的教育质量

上文提及，创新思维的第一个特征是以人为中心，满足用户的需求。要想真正赢得客户之心，就要站在客户或者是客户的客户的角度考虑问题。同样，基于创新思维的教育也是如此。

把你遇到的难题用创新思维来重新定义，这样可以更精确地定义需求。例如"让学生的成绩更好"，这就不是一个精确的需求定义；而"提升学生在课堂上的专注力"，则更精准。只有精准定义需求，我们才能找到问题的本质，并解决问题！

教育不仅是师和生的问题，教育的面是更加宽广的，不仅要满足学校各利益相关者的诉求，还要不断地给教育进行一些新的定义。以西安欧亚学院为例，教育质量就有两个定义。一个是为学生提供高的学习质量，另一个就是为学生提供高的生活质量。学校曾有一个改建工程，是为一个有20年历史的旧学生公寓新增一个客厅。这个客厅要为同学们的宿舍提供多元化功能。学生回到宿舍楼时，需要先经过客厅，客厅中设有咖啡厅、学习空间、健身房、瑜伽室、社团服务空间等，这样学生的住宿质量也就大幅度提升了。同时，客厅可以作为学生接待同学、朋友的地方，在客厅里聊天、交流，也给了学生们"家"的体验。

在运动会方面，学校也运用了设计思维，从客户角度出发，进行一系列新的尝试。以前举办运动会的时候，会有很多大型的团体操演出，演出需要很多同学参加排练，但由于他们不愿意参加这种由各个学院组织的排练活动，就出现了投诉。后来做了一个变革，让学生社团和学生社区来申请这样的团体操表演，他们申请之后去投标、写标书、答辩，得到认可之后会获得经费，在全校进行招募，比如招募健美操的爱好者、武术的爱好者、体育舞蹈的爱好者。这样就不再以专业学院的名义，而以社团的名义来进行表演，也就没有人投诉了。运动会开幕式由一个大二的学生带领一个学生团队来具体操办。每次运动会有6名老师作为后盾支持他，他的预算大概有40万元。这样一来，运动会的开幕式就成为所有学生自导自演的舞台。

在运动会召开过程中，学校又发现真正愿意观看田径运动会的人不多，同时，愿意跑100米、200米或400米的人也越来越少，大家更喜欢一些有趣的运动项目，比如抛飞盘、跑酷、攀岩、体育舞蹈等，所以学校逐渐就把田径运动会改革成一个体育运动节，进行各种趣味性运动表演。这些都成为运动会创新的一些模式。

此外，在质量方面还要满足教师的需求。以前学校教师都是8点来上课，有些老师说他在学校工作了10年，从来没有送过自己的孩子上学，因为他8点要上班。后来学校就把上班和上课的时间改为9点，下课时间顺延到12点半或下午1点，这样老师们早上就非常从容，送完孩子开车到学校，吃了早餐，再运动一会儿，9点上课。学生也非常喜欢这样的时间安排，因为学生们都喜欢晚睡，早上自然起来得晚。

虽然西安欧亚学院的主业是高等教育，但基于同理心，学校调研发现大学教职工认为最大的福利是孩子可以在附属幼儿园、附属小学、附属中学学习，所以开始筹划建立一个小型的幼儿园，希望老师能安心在学校工作。

另外，人文教育学院、学前教育学院和小学教育学院的师生，在学校举办国际儿童艺术节，把他们课堂中与学前教育专业有关的各种教学活动编制成一些服务产品，并在六一节前后对整个西安地区的儿童开放，为周边社区的孩子们提供一个游玩、益智、运动的机会。有一位母亲说，真想不到一所大学居然面向全西安的儿童举办如此盛大且有意义的活动。学院做这样的活动也得到了社会的回报，在两次国际儿童艺术节期间，学校里几乎所有参与该项目的同学都收到了一些高端幼儿园的实习、就业邀请。

西安欧亚学院的使命中提到同行尊重，因此，近年来，学校把自身改革创新的一些做法，总结完善成一套方法，并对外进行宣传。现在，每年有二百多所大学到校进行参观学习。学院每年还为二十多所院校办培训班、提供咨询以及一些专项变革的委托管理。

西安欧亚学院的使命中提到学生满意、员工信赖、社会认可、同行尊重、政府放心。以前在政府方面，学院总是希望政府多支持，总想向政府索取。后来，学院从"同理心"的角度，觉得应该换一个思路，想一想学校能为政府相关部门做什么，来帮助政府进行决策，政府自然会支持。

彼得·德鲁克曾经有这么一句话，他说："有人问我如何成功，我说，请改问我如何奉献。"在《论语》中孔子说的话也是同样的道理，孔子说：己欲立而立人，己欲达而达人。也就是说，你想实现什么目标，要先让你的利益相关者实现他的目标。

6.1.2 创新思维应用于高校教育空间设计

创新是需要环境的,这个环境包括企业的文化、创新的人才、创新的工具和流程、社会环境等。一个开放、创新的物理空间,可以激发创新的思维,满足师生互动的需求,满足不同形式的课堂需求。回到课程的主题,在学校进行各项教育创新时,强调以学生为中心,思考什么样的教育空间才是好的,且有利于学生的学习和生活。国外教育设施机构有一项调查显示,学生的学习过程包含多种学习行为,如非正式的协作、人际交流、独立学习以及课堂的正式授课。所以,学习绝不简单等于正式的课堂教育。

一个负责学校设计的设计师做了一项调查,调查数据如图6-1所示。在教师的教学活动中,个体活动、小组活动、实验活动、演讲活动等多种学习活动共同在教室中开展,考试活动仅仅占4%,仅有这一项能让传统的排排坐的教室布局更具优势。

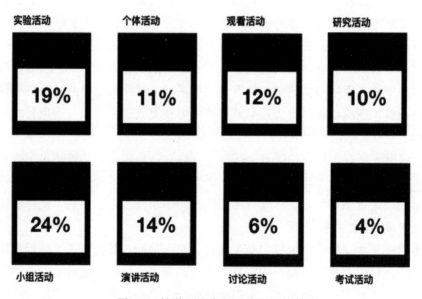

图6-1 教学活动中各项活动占比情况

在进行校园规划的时候,是将整个校园作为一个学习的空间进行分析的。以欧亚学院为例,校园规划布局如图6-2所示。

图6-2 欧亚学院校园规划布局

靠右边是一些创业孵化机构,在右下角的位置是一个艺术中心和一个音乐厅,图书馆位于中部学生的宿舍区,最前面的一部分是一个花园式的布局,这个建筑特别有意思的一点就是绿色性。大家看到的图书馆实际上是一个图书馆山,把它做成一个山形是因为建这个图书馆的时候对面是清凉山,这是一个不高的土山。做什么样的建筑才能跟清凉山呼应?最好的方式是把图书馆做成一个山形,它的成本是正常建筑成本的两倍左右。

现在各个学校都有很多的咖啡厅,实际上这是一些非正式的学习环境,大家在喝咖啡或者吃饭的时候进行一些学习交流。很多老师和企业界的朋友在这里吃午餐,然后进行产学合作的洽谈。学校目前总共有8个咖啡厅以及一些茶餐厅。

学校有很多的工作室,是按照经营性的工作室建的,传统的课堂教学已经越来越少了。如图6-3所示,在艺术设计学院,拥有约1300名学生,传统的教室仅有5间,其他都是工作室、工作坊或展厅。

图6-3 南区部分教学工坊

图6-4是学校的一处教学展厅，在每一个教学楼的门厅都有各种展览空间，可以激发同学们的实验性和创新性。尤其在设计学院，学生几乎每一次作业都要在这里面进行各种各样的展览。文化传媒学院的门厅也有各种各样的学生作业展览以及一些国际交流的展览，所以展览已经成为教学组织非常重要的、非正式的学习方法和激励学生表现自己的方法。

在国家经济迅速发展，教育和生活水平不断提升的同时，对于教育设施的建设需求也越来越高。我们要实现教育空间规划设计创新，就一定要充分运用创造性的思维，探索创新设计思维在教学建筑、环境改造中的应用。

图6-4　教学楼内展厅

下面以西安欧亚学院为例，介绍一下创新设计思维在西安欧亚学院一个二级学院——人居环境学院的教学空间规划与设计中的应用。西安欧亚学院有二十多栋教学楼，除了建新的教学楼外，对旧建筑也要进行全面翻新改造。人居环境学院教学空间就是学校正在进行的一个教育空间改造项目。

对这样的教学空间进行改造的时候，基于创新思维的流程，要从师生的基本需求出发。比如，要了解这个学院现在和未来的学生人数及其专业发展方向，要了解这个学院有多少名教师，其中哪些是教学型的教师，哪些是研究型的教师，哪些是专职的教师，哪些是兼职教师。同时，还需要了解这个学院有哪几个主要专业以及这个学院一共有多少门课程，它的课程体系是怎么样的，它的课程地图是如何描绘的，比如它的学年分布以及类型分布。另外，现在所有的学习空间都离不开信息化的手段，需要了解该学院现在和未来对信息化的需求。因此，一个教学空间的设计实际上是特别复杂的，是一个系统梳理这个学院业务规划的过程，如果业务梳理不清楚，这个空间改造是很难进行的。

在十几年以前建设教学楼是特别简单的，一个走廊两边是教室，楼里面有一两间办公室，然后交给这个学院，学院按照需求再做一些改进，这就是大部分学校目前的状态。西安欧亚学院在了解需求的基础上，进一步拓展教学功能，如有大阶梯教室的公开课，有小阶梯教室的演讲课以及专业教师的特色课，还有一些绘图、模型制作的课程；同时在教学方法方面有围桌讨论式的课程，还有其他类型的课程。现在的大学生，上课和作业的展示也成为特别重要的一个方面。现在学院的教室大部分是用玻璃来做隔断的。过去，我们担心用玻璃做隔断，有人路过的时候，会分散学生的注意力；但最新的研究结果发现，用玻璃做隔断，外面有人走过的时候，对里面的人实际上是有积极影响的，这种积极影响超越了它的消极影响，也就是说，会激励学生产生一种学习展示感。

此外，还有一些工作坊空间、作业讨论空间、小组研讨室、教师的小型会议室以及与实践相关的一些空间。另外，一对一的讨论沟通室、公共的饮食区、楼宇的茶水间、公共交流区、VR体验区以及校友的行业俱乐部、教师休息室等交流空间，学院都有规划。此外，还有办公的空间、公共交流的空间、教师发展的空间。整栋教学楼有6层，每一层楼设计不同的颜色，使得整个教学楼从传统的工科教学楼变得鲜活起来。教学楼一层做了一个黄色的设计，叫作认知新工科；二层是一个具有科技感的BIM中心；三层是绿色建筑的中心；四层是项目管理中心；五层是不动产中心；六层是综合教学办公区。

这个楼宇内部空间的效果，如图6-5所示，可能已经完全突破了大家对教育空间的理解，这就是应用创新思维设计的绿色建筑以及展示空间。

基于创新思维的教学空间规划设计，不仅满足了学生各类学习的需求，还满足了专业和课程建设的需求，更加满足了企业和学校合作育人的需求；不同种类的学习空间，引导学生通过小组学习学会团队合作，提升语言表达能力；玻璃隔断式的设计，激发了学生的学习热情和老师的教学热情，学生可以利用课下时间主动学习，老师在课堂之外也会主动指导学生学习，达成学习目标。

图6-5 教学空间

6.1.3 创新思维应用于高校生活空间设计

介绍完基于创新思维对教学空间进行的一些变革，下面想跟大家分享基于创新思维的生活空间设计。谈到生活，宿舍是最能体现学校生活的地方。所以先谈一谈宿舍空间的设计。目前全国高校宿舍大多以4人间为主，少部分是6人间。而在独立卫生间、热水、空调、淋浴这些基本条件方面是参差不齐的，全部能够具备的学生公寓是极少数的。

而在1898年，威斯康星大学麦迪逊分校的女生两人间宿舍条件都远远超过了我们现在的水平，两人间的宿舍温馨而舒适，里面有学校锦旗、书架、书籍和读书的摇椅，墙上还挂着照片，让宿舍有了"家"的味道。到了1927年，这里的宿舍就已经有了热水、电话、熨斗、独立的柜子和书桌。那么现在呢，就更往前进了一步。当然美国也是参差不齐的，也不是所有大学都能达到这样的水准。

基于创新思维对宿舍空间进行规划设计，仍要以客户为中心，满足用户的需求，并以目标为导向。以西安欧亚学院为例，学院对一个20年前建成的旧宿舍楼进行改造，增建了一个新的客厅。如图6-6所示，图片上亮白色的部分都是新增建的，主要利用了宿舍旁边原来利用率不高的绿地。这两个客厅面积共计3000平方米左右。

图6-6　在旧学生公寓基础上建设的客厅

图6-7是建成以后的客厅内部。因为是20年前的一个旧建筑，所以建这个客厅的时候，不能做得太奢华，否则学生从这个客厅回到宿舍后，会有一种从天上到人间的感觉。所以，这次设计采用了混凝土、红砖以及一些玻璃，都是最简洁的建筑材料，这样的设计非常简朴，但是对于暖气、空调以及卫生间、咖啡厅等都设计得非常到位。几乎每天晚上这个三千多平方米的客厅里面都坐满了学生。这里面还有几个舞蹈空间和瑜伽室，有很多同学预约、排队等待使用。学生如果要学习，旁边还有自习室，可以在这里进行学习活动，甚至有些课程也可以安排在这里面进行。

图6-7　建成后的客厅内部

图6-8是西安欧亚学院的一个拥有10栋楼的学生公寓区。这个公寓区中央有一个白色的像飞碟一样的建筑，它的中间有一个花园。为了给这个宿舍区的同学们也做一个客厅，当时考虑了特别多的方案，一种方案是占据花园的位置，在那里修一个客厅；还有一种方案是向下挖，做一个负一层的空间。最终选择的方案是一个二层架空的空间，楼下空的部分可以直接进到这个花园，这样就

把原来的花园保留了下来；二楼是一个三千多平方米的公共空间，每个楼的学生都可以直接进入这个公共空间。这个客厅里也设了社区办公室、影视间、讨论室、咖啡厅、健美操空间等。这个空间基本上是用玻璃做的，晚上远远看去，好像一个飞碟落在这个宿舍区。

学校不仅为宿舍增建了一个客厅，还为宿舍安装了空调。这大概是西安最早安装空调的两所学校之一。现在空调已经100%覆盖每个宿舍。

图6-8 学生公寓区

学校里每个宿舍都有卫生间，但是修建时没有通热水，而且旧的建筑防水做得不是特别好，这样改造成本会很高，因此在宿舍楼的每一层留出两间房，一间房做洗衣间，有洗衣机、烘干机；另外一间做成淋浴间。以20：1的比例配备一个淋浴间，这样大家在楼层里面就可以把洗澡的问题解决了。

在宿舍区域增加客厅，是根据整体楼宇的布局以及在该区域想为学生提供什么样的服务来考量的。学院还有一个客厅，建立在像四合院的4栋楼中间，通过廊桥把4栋楼连接起来。廊桥的底下，左右两边有两个玻璃大堂的空间。进去后里面有沙发，有接待室，有存放快递的空间。上面连廊很宽，里面有餐厅、健身房等。这4栋楼有一个交汇的中心，就是这个二层的连廊。做这样的连廊设计，也是为住在这里的同学服务。在暑假的时候，整个4栋楼就变成了一个酒店，它有大堂，每个宿舍楼里都有热水，可以洗澡，门锁也换成酒店的一种门锁。这个空间可以在暑期对整个社会开放，尤其是对全世界修学、游学的团体进行开放。

在学校生活环境的设计规划中，西安欧亚学院等高校一改传统的、以设计者为中心的思考和解决问题的方法，将创新思维贯穿于规划和设计的始终，这样就会探索、发现更多的因素，不仅从建筑体量、建筑形式、建筑材料出发，还考虑到师生诉求、功能设置、空间布局、配套设施、工程经济性、工程可行性等，统筹协调，在过程中巧妙运用各种条件，不断更新、不断迭代。

创新思维讲原型机制，先做一个原型，然后基于原型进行测试和迭代，最终实现我们想要的产品。以欧亚学院的体育创意空间建设为例，先做一个设计图原型，在此基础上进行功能的完善和迭代，最终实现真正的产品。

除了学生宿舍，学生运动场所也是学生生活中必要的区域，图6-9是西安欧亚学院正在策划的一个体育和创意空间的原型。图上正中间位置的玻璃空间是一个攀岩室，同学们在攀岩的时候就可以进行展示，外面的人能看到里面攀岩的人。中间的圆弧是一个轮滑、滑板区，学校发现现在的学生特别喜欢轮滑和滑板，所以专门做了这样的区域。在攀岩和滑板中间是一个健身房，当学生在那儿跑步的时候，从外面是可以看到的。最右边的椭圆形建筑是一个可以容纳约450人的报告厅。这个报告厅的设计优点在于，当你开始演讲之前，坐在椅子上，透过玻璃可以看到一个绿色的花园草坪；当你开始演讲的时候，按下手上的遥控器，玻璃就会变成黑色，然后投影就展现出来。在大家茶歇的期间，这个大的椭圆屏又能展示一幅世界风景，就像电影一样播放出来，这是很炫酷的一种创意。左边的区域是室内网球场、篮球场、游泳馆等建筑，整个建筑充分体现了以学生为中心的理念。

图6-9 体育和创意空间

有很多的毕业校友回到学校来拍婚纱照，而在毕业季经常有一整个宿舍的女生集体穿上婚纱在校园里拍照。所以，学校专门进行了一个设计，就是把一部分草坪精心打造成一个专门给校友举行婚礼的地方，欢迎校友回到学校举办婚礼。学校在建设中，永远将学生的需求放在心上，同时坚持原型的机制，有了直观的原型，让满足用户需求的产品离我们越来越近。

6.1.4 创新思维方法——设计思维及原则

本书介绍了很多关于物理空间建设规划的创新，贯穿其始终的就是创新思维。现在大学里非常流行的一个词是批判性思维。所谓的批判性思维，是一种发现问题和分析问题的思维方式；而所谓的设计思维是一种解决问题的思维方式。它和批判性思维不一样的地方在于，它是一种人性化的思维方式。

蒂姆·布朗是IDEO公司的CEO，他写了一本书《设计改变一切》。他说："设计思维不仅以人为中心，还是一种全面的、以人为目的、以人为根本的思维。"

SAP公司的鲁百年博士，在《创新设计思维》这本书里写道："设计思维从最终用户出发，寻求实用性、富有创造性的解决方案。以人为本，站在客户的角度实现创新。"

设计思维本质上是一系列的行为原则。第一个原则是用户同理心；第二个原则是原型机制，也有人把它叫作Demo机制或者Prototype机制；第三个原则是容忍失败。用户同理心就是从用户的角度来考虑问题。原型机制就是说我们不可能一次给出一个最终的、完美的解决方案，我们需要做一个小的原型，然后不断迭代，逐步达到最佳效果。就像我们现在用的苹果手机一样，先从iPod开始，然后是iPhone、iPhone 4、iPhone 5……一路迭代过来，达到现在的状态。

当然，我们在进行一些创新设计的时候，可能会遭遇非常多的失败。我们要容忍失败，不断迭代。

设计思维还要以目标为导向，我们一定要始终围绕着这个最终目标，修改一切流程，修改我们的设计方案，修改我们的一些原型。温斯顿·丘吉尔有一句话说："我们塑造我们的建筑，而后我们的建筑又重塑我们。"

学校的教育空间是为了学校的师生而服务的，我们要从他们的需求出发，进行空间的策划或者设计，空间最终又影响到学习者。学习者在这样的一个环境下，自然也就具备了同理心，具备了不断试错的习惯，具备了对人最充分的尊重。

本节以西安欧亚学院创新空间设计为蓝图，介绍了创新空间设计最基本的原则，即以人为本，以学生与教师为中心，利用同理心，实现创新的空间设计。在学校的设计过程中，首先考虑学生、教师的需求和渴望以及未来教学模式的变化和发展，将传统的教学、生活空间设计成为互动、开放、宽敞明亮、充满科技感的，能够实现上课、演讲、实验、演出、商务、锻炼、展示、活动、排练等生活工作一体化的现代创新空间。在设计的过程中，设计原型，不断迭代试错，允许失败，最终达到比较理想的效果。

6.2 创新设计思维在商业领域的应用

6.2.1 创新设计思维让玉兰油品牌焕发青春

玉兰油诞生于20世纪50年代，和同时代的护肤品相比，能更好地滋润女性皮肤，并能在使用后十分钟内让皮肤看起来柔嫩而不泛油光。玉兰油推广时采用了和其他护肤品截然不同的方式。从用户角度去思考研究不同肤质的护肤需求，在报纸上撰写软文，以美容专栏的形式建议不同肤质的女性使用不同产品，故在上市两年内就取得了骄人的业绩，其后发展更是迅猛，这得益于创新设计思维的应用。

玉兰油品牌于1985年被宝洁公司纳入旗下，并力图在美容行业中赢得信誉，从而在护肤领域中占主导地位。然而进入20世纪90年代不久，玉兰油迎来了第一次困境：在消费者眼里，玉兰油被看作老式的产品。此时宝洁团队意识到只有创新才能成为市场的领导者。摆在他们面前的有三种不同的战略。

第一，重新推出一个护肤品牌。

第二，收购业绩良好的、成熟的护肤领导者品牌。

第三，让玉兰油品牌获得新生。

到底这三个战略哪个最符合公司的实际情况？他们意识到这些问题还需要客户来回答，同理心再次被用到了玉兰油这个品牌上。根据一系列调查研究，宝洁得出以下结论。

第一，玉兰油的品牌名称在消费者中的知晓度高，该品牌似乎具有潜力，尤其是在正确的营销推动下。

第二，年龄在50岁以上的女性常常使用玉兰油品牌抗皱，她们对价格敏感。这一类消费者在皮肤护理上的投入最少，不会为皮肤护理产品支付更多的费用。

第三，竞争对手对这一消费群体关注度高，增长机会似乎有限。

根据上述调研结果，宝洁公司的结论是继续使用玉兰油这个品牌，但需要重塑，而重塑只有通过价值创新才能实现。宝洁团队第一步是将创新设计思维的重点从"客户"转移到"非客户"身上，经进一步调研，他们把非客户分为三类。

第一，即将购买玉兰油产品的准客户。

第二，无论什么情况都会拒绝购买的客户。

第三，未开发的客户。

在一次创新设计思维工作坊中，宝洁团队通过头脑风暴最终形成了一致的观点，即价值创新的关键是第三类非客户。经过用户分析，尝试给未开发的客户中不同年龄段的女性消费者画像，他们把目标进一步聚焦在30岁左右的女性身上，描绘了包含下列要点的用户使用地图。

第一，30岁左右的女性脸上开始出现第一道皱纹，比年长的人群更脆弱，更焦虑。

第二，她们更愿意使用化妆品以保持颜值，以便让自己看起来更显年轻。

第三，她们更加担心皮肤健康出现问题。

第四，这类女性大多数目前已经通过每天使用2～3次乳液来努力解决上述问题。

经过工作坊中的分析，宝洁公司认为，三十多岁的女性高度致力于皮肤护理，并且更愿意为质量和创新付出代价。此外，用户已经通过使用这些乳液来努力解决该问题，这增加了潜在的机会，该目标细分市场忠诚度似乎较高。35岁以上的女性不仅专注于"皱纹"，对皮肤还有其他担忧。例如皮肤干燥、老年斑、肤色不均等。随后，宝洁团队决定关注这些需求并重新定义问题，将护肤品重新设计为一项旨在帮助女性拥有更健康、更年轻和更美丽的生活的新业务，而不是制造一系列护肤产品。由于价值创新，玉兰油品牌迅速在市场上焕发出青春光彩。

但是好景不长，根据细分市场的不同功能需求，玉兰油品牌开发生产的产品越来越多，宝洁团队又遇到了销量的瓶颈，因此，团队再次运用创新设计思维工作坊的形式，尝试解决消费者难以分清玉兰油不同系列产品的问题。团队本来计划重新设计包装，但经过研讨放弃了该方案，因为他们发现，等消费者到达商店货架时为时已晚——如果消费者不知道自己要找什么，他们是不会从商店里把东西挑出来的。于是团队通过创新思维的方法重新界定问题，并据此创建了一个名为"属于你的玉兰油"（Olay for You）的网站，帮助消费者挑选适合她们使用的产品，在消费者前往商店之前为她们量身推荐产品。宝洁公司又与IBM进行了跨界合作，在人工智能（AI）领域，推出了一款移动平台，利用人工智能分析用户的手机自拍照片，进行个性化的皮肤分析，用于提供个性化的产品推荐。创新设计思维再次让玉兰油品牌焕发青春。

6.2.2 腾讯将创新设计思维与人力资源管理有机融合

2011年，腾讯在进行人才盘点时发现，入职满3年的校招应届毕业生流失率很高。腾讯人力资源部在进行离职访谈时，发现这些离职的校招员工大都表示对腾讯各种不舍，并且离职后大都选择回到二、三线城市的家乡发展。原因是入职满3年的校招应届毕业生大都到了适婚年龄，而深圳房价过高，这些离职员工回到家乡发展可以以较低的经济压力买房安家。

腾讯人力资源部门运用创新设计思维理念中的用户画像工具，找到了这部分员工的核心诉求，即安居，问题聚焦为腾讯的校招员工如何能在深圳买房。人力资源部门考虑的是员工关心的最为核心的利益，即公司缴纳住房公积金的比例。

紧接着，腾讯的人力资源部门运用了创新设计思维中的用户参与理念，让员工参与重要的人力资源管理决策。腾讯人力资源部门在制定员工缴纳住房公积金的比例时，选择让员工决定具体的比例。做法是在内部论坛发帖表明公司愿意承担14%的总成本，具体缴纳比例要通过员工集体讨论，最终达成共识。不同的员工想法也不同，在这个过程中，员工的发帖和回帖最终形成了几种不同的意见。通过大家的分析与激烈讨论，最终人力资源部门决定通过投票的方式选出一个具体的缴纳比例，员工也更加乐意以这种方式参与。

人力资源团队与上级管理者讨论后，希望能为员工设计出一个合适的"产品"，解决上述核心诉求；同时将成本控制在公司可承担的范围内。"安居计划"在腾讯横空出世：提供50万元免息借款，帮助员工在当地安家。2011年6月，腾讯宣布启动"安居计划"，在3年内投入10亿元为首次购房的员工提供免息借款。该计划实施3年后，人力资源部门跟踪调查发现，申请"安居计划"的员工流失率远远低于腾讯平均流失率。

除了上述做法之外，腾讯的人力资源部门在日常工作中还应用到了创新设计思维的快速迭代，在适当容忍一定的缺陷与风险的基础上，使得人力资源的服务周期变得更快。很多时候人力资源管理无法满足业务发展的实际需求，原因就在于没有进行快速迭代。依据创新设计思维方式，腾讯人力资源部门对人力资源管理的敏感地带绩效考核体系进行了变革，曾在一年半内对该体系进行了三次迭代。第一次是在人力资源团队内对绩效体系变革方案进行试点，范围覆盖1.5%的员工，共有三百多位员工参与。在这个过程中，发现改革方案设计过于理想，存在很多偏差和问题，随后快速对方案进行优化。第二次则选择较大的业务部门进行试点，范围覆盖10%的员工，共有约3300名业务部门员工参与。业务部门在实施变革方案的过程中，提出了疑惑及优化意见，人力资源部门及时对方案进行更进一步的优化，最终确定绩效体系变革的完整方案。第三次则是在前两次的基础上在全公司进行推广，整个过程历时一年半，优化了其中10项规则，打造了一个比较完善的绩效管理工具，员工的认可度也不断提升。

创新设计思维融入企业人力资源管理工作时，意味着企业需要真正了解员工需求，并将需求聚焦成核心问题，同时要让员工参与重要的人力资源决策过程，并能对方案进行快速迭代。这样不仅能提高人力资源管理的效率，还可以改造组织、激发创新。

6.2.3　创新设计思维让爱彼迎变身独角兽企业

爱彼迎（Airbnb）成立于2008年8月，是一家总部位于旧金山的创业型公司。爱彼迎是将旅游人士和家有空房出租的房主联系在一起的服务型网站，它可以为用户提供多样的住宿信息。用户可通过网络发布、搜索度假房屋租赁信息并完成在线预订。爱彼迎重塑了酒店行业，用户可以从个人的手中租住一间房屋，而不是从一家酒店中租住，房租通常比酒店便宜。

成立三年后，爱彼迎的业绩让人难以置信地增长了800%，是风险投资者眼中和互联网行业内公认的独角兽企业。然而爱彼迎的发展并非一帆风顺，其实在公司成立早期，创业团队就面临着一次关门的风险。

2009年爱彼迎已经完成网站功能的开发并进行了推广宣传，网站上也开始有一些房主把自己的房屋信息发布出来供旅游者租用。但爱彼迎和众多初创企业一样是一个几乎无人知晓的公司，每周的营业额一度仅为200美元。为了应付日常的开支，创业团队成员甚至使用信用卡来支付某些账单。这让爱彼迎创始人乔·盖比亚（Joe Gebbia）意识到问题的严重性，如果再没有业绩增长，则能获得风险投资的概率性非常小。创业团队必须尽快改善，否则公司只能倒闭。

在一次团队会议上，盖比亚和创业孵化基地的专家以旅游租房者的视角，共同查看了网站上的房屋出租信息，他们发现了一个重要的情况，即网页上显示的四十多个房源照片竟然都非常模糊，有些是手机拍的，有些甚至是从其他网站下载的低像素图片。这将导致人们看到这些图片会觉得毫无可信度。运用同理心的方法，站在客户的角度去审视问题，能够聚焦和定义问题的核心。发现问题核心后，创业团队快速采取了简单粗暴的办法，组建了三人临时工作组，立即乘飞机前往纽约，租用专业数码相机，联系这些房源发布者，为他们重新拍摄专业级别的照片，替换网站上的现有照片。仅用了一周时间，效果就显现出来，他们的营业额增加了一倍。这也是爱彼迎公司的一个转折点，他们清楚地意识到技术并不能解决所有的问题，想让消费者埋单必须站在他们的角度去考虑问题，以客户为中心帮助创业团队发现问题，并尽快拿出一个方案，再快速迭代，才不会由于没有销量而让创业型公司不能发展。

随后他们延续了这一思维模式。应聘到爱彼迎公司的新员工会惊喜地发现，公司交给自己的第一份工作是外出旅行一到两周，费用由公司承担。新员工需要做的是把旅行的每个细节记下来，回到公司后填写一份以结构化问题为主的问卷。

爱彼迎公司期待员工在公司工作的第一天就结合自己的经验以及感受，上线一个新的功能，随后将这些新的功能立即进行测试和持续迭代，而设计师们的成就感也能从工作的第一天就开始建立。他们总是先围绕一个小点去做创新，立即上线原型，通过持续测试与迭代，不断将这个小点的光芒放大，推动公司业绩持续增长。

盖比亚曾经讲过这么一个故事，公司要求一名设计师为网站设计星级评分功能，这个功能便于浏览网站的人给房源标注星号后加入自己的愿望单。设计师换位思考后认为星号是客户体验的标记，例如购买商品后的评分或对公共事业满意与否的评价，而与一个人的愿望无关。第二天，设计师将星号改成了桃心，并且把统计代码放在其中，结果使网站的成交率上升了30%。

爱彼迎正是由于这些运用创新设计思维的做法，使业务越做越大，业绩持续上升，最终成了真正意义上的独角兽型的企业。

6.2.4 善用创新设计思维的创业者里德·哈斯廷斯

里德·哈斯廷斯（Reed Hastings）在20世纪90年代全球互联网兴起之时即在互联网领域创业，他创办的奈飞（Netflix）成立于1997年，是全球领先的互联网流媒体服务的领导者。哈斯廷斯的创业之路也并非一帆风顺，但在每个关键时刻,他总能使用创新设计思维去解决问题。

1991年,30岁的哈斯廷斯创办了一家名为Pure Software的公司,其主营业务是软件测试。由于技术过硬,在他的领导下该公司连续4年收入翻番;对哈斯廷斯本人来说,更是完成了工程师到商业经理人的转变。

1995年8月,Pure Software完成IPO,接下来便进入了频繁的并购,随之带来股权的不断变化。1996年8月,Pure Software与Atria合并,新公司命名为Pure Atria;1997年8月,Rational Software收购了Pure Atria。经过这几次并购,哈斯廷斯对公司的控制权越来越小,存在的问题也越攒越多,并且很多事情都不能按照他的战略思想来开展。随后,他把自己持有的股票套现,离开了公司,这笔钱也成为他创办奈飞的启动资金。

哈斯廷斯除了在工作中善用创新设计思维的方式去思考,进而做出决策和取舍,在生活中也常常用到创新设计思维来解决问题,这也为他日后创办奈飞并使其在多年后依旧保持迅猛的发展趋势提供了有利条件。

20世纪90年代末,有一种较为流行的在家观看影片的方式是租录像带和VCD,一天,哈斯廷斯在自家客厅发现自己租来的录像带已经超时甚久而需要支付40美元罚金,他担心被太太责怪,只能带着钱去悄悄归还。两天后,他在健身时依旧懊悔因不小心错过归还时间而导致支付罚金的事。他突然想到健身房是会员制,每月支付30~40美元会费且不限次数。这种会员制比常见的租借式更便于消费者接受。由于这一个小小的想法,他立即成立了奈飞公司,第一项业务是线上租用DVD。而1999年全球的电子商务刚刚起步,这一模式在当时非常超前。奈飞采用会员制而不是租金制,每月会费约等于租用三个影片的租金,但不限制租借次数。会员在奈飞网站选好自己想看的影片后,DVD将会随后邮寄到会员家里,这部影片看完,下一部就会邮来。线上包月这种模式是哈斯廷斯偶然间采用同理心的方式想到的,解决了传统影片出租中错过归还日期就得支付罚金的痛点,也简化了租影片时去店里办理借用和归还的复杂流程,这种模式获得了巨大的成功,使公司在2002年成功上市。

由于尝到了电子商务的甜头,哈斯廷斯开始了又一次的自我颠覆。他意识到网络时代即将来临,他想让人们能够更加方便地观看到自己喜欢的影片而不是被束缚在影碟机及碟片中。再次运用创新设计思维方法后,2003年,哈斯廷斯带领奈飞研发团队计划开发一个内置硬盘的电视盒子,这个盒子可以在睡眠时间下载电影,当人们需要休闲的时候就可以观看已经下载好的内容;并且这个盒子带有硬件解码功能,播放效果要远远优于碟片或网上下载的标清视频。

到2005年，奈飞公司已获取了足够数量的电影版权，也完成了电视盒子的软件和硬件设计，并在内部进行了多次测试和迭代，正当准备上市之际，一个巨大的挑战从天而降：YouTube横空出世，虽然刚上线时YouTube的视频少，画质差，但人们可以随时随地观看，不需要等好几个小时，这对观看体验的提升是革命性的。哈斯廷斯和奈飞团队一起继续运用创新设计思维的方式，探索竞争及新的、可替代的服务。他们经过讨论后决定放弃电视盒子这个项目，并继续进行硬件的开发，并且调整到流媒体平台，期待消费者可以通过电视、计算机、播放器或是游戏机等多种能够连接互联网的设备进行播放观看。这个创新的点被放大后，快速在市场上推出，并不断迭代更新，甚至推出了自制剧集服务。仅仅4年时间，奈飞的注册用户从600万增长到2300万，增长率为283%。到2022年注册用户更是达到了2.22亿，创新设计思维的方式让奈飞获得了巨大成功，更让哈斯廷斯成为全球优秀的创业者。

参考文献

[1] 鲁百年. 创新设计思维：创新落地实战工具和方法论(第2版)[M]. 北京：清华大学出版社，2018.

[2] 李四达，丁肇辰. 服务设计概论：创新实践十二课[M]. 北京：清华大学出版社，2018.

[3] 许荣哲. 故事课1：说故事的人最有影响力[M]. 北京：北京联合出版公司，2018.

[4] [德]迈克尔·勒威克，帕特里克·林克，纳迪亚·兰格萨德. 设计思维手册：斯坦福创新方法论[M]. 高馨颖，译. 北京：机械工业出版社，2019.

[5] 张海霞，等. 创新工程实践[M]. 北京：机械工业出版社，2020.

[6] 冯林. 大学生创新基础[M]. 北京：高等教育出版社，2017.

[7] [英]奎瑟贝利(Whitney Quesenbery)，布鲁克斯(Kevin Brooks). 用户体验设计：讲故事的艺术[M]. 周隽，译. 北京：清华大学出版社，2014.

[8] [美]Donald C. Gause, Gerald M. Weinberg. 你的灯亮着吗？发现问题的真正所在[M]. 俞月圆，译. 北京：人民邮电出版社，2014.

[9] [英]爱德华·德·波诺. 六项思考帽[M]. 马睿，译. 北京：中信出版社，2016.

[10] 佚名.美文：让头脑卷起风暴[EB/OL]. (2018-05-25)[2020-10-03]. http://www.ruiwen.com/jingdianmeiwen/1593140.html.

[11] 第一管理学派. 六项思考帽：借助六项思考帽，教你学会全面思考受益终生[EB/OL]. (2020-06-17) [2021-02-06]. https://baijiahao.baidu.com/s?id=1669738666004966537&wfr=spider&for=pc.

[12] 二师兄玩车. 蒂芙尼蓝的宏光MINI？女司机们玩起改装来，男士也得靠边[EB/OL]. (2020-11-27)[2021-02-06]. https://baijiahao.baidu.com/s?id=1684514703552583959&wfr=spider&for=pc.

[13] 界面新闻. 上市200天、累计销量超20万辆，五菱宏光MINI EV给自己办了一场大Party[EB/OL]. (2021-03-05) [2021-05-16] . https://baijiahao.baidu.com/s?id=1693353716560926618&wfr=spider&for=pc.

[14] 萧然. 人民日报各抒己见：请别嘲笑狂野的"异想天开"[EB/OL]. (2016-05-23) [2021-05-16]. https：//opinion.huanqiu.com/article/9CaKrnJVBZp.

[15] 单片机与控制. 创新技法——组合法[EB/OL]. (2019-04-27) [2021-05-16]. https：//page.om.qq.com/page/OVcKyry0rJtw72oRdE_QhDRQ0.

[16] Backlight. 思维导图可以增强记忆[EB/OL]. (2020-06-11) [2021-02-06]. https：//www.pinlue.com/article/2020/06/1113/5110713647252.html.

[17] 百度百科. 思维导图 [EB/OL]. (2021-08-14) [2021-06-26]. https：//baike.baidu.com/item/%E6%80%9D%E7%BB%B4%E5%AF%BC%E5%9B%BE/563801？fr=aladdin.

[18] 百度人人都是产品经理. 用户体验地图如何落地[EB/OL]. (2019-01-19) [2021-06-26]. https：//baijiahao.baidu.com/s？id=1623070875899696319&wfr=spider&for=pc.

[19] 新浪收藏. 马克思家乡终于接受中国赠送的马克思雕像[EB/OL]. (2017-03-21)[2021-08-14]. https：//collection.sina.cn/zhuanlan/2017-03-21/detail-ifycnpit2463241.d.html.

[20] ETART. 艺术分享. 华裔设计师—世界级艺术博物馆[EB/OL]. (2018-10-26)[2021-08-14]. https：//www.sohu.com/a/271487114_100291674.

[21] 张海霞，等. 创新工程实践[EB/OL]. (2020-09-01)[2020-10-05]. http：//coursehome.zhihuishu.com/courseHome/1000006173#teachTeam.

[22] 学习哥. 奔驰女车主18分钟录音曝光：读书与不读书，差距到底在哪儿？[EB/OL]. (2019-04-17)[2020-04-25]. https：//www.sohu.com/a/308561735_568256.

[23] [英]Tim Brown. IDEO，设计改变一切[M]. 侯婷，译. 沈阳：万卷出版公司，2011.

[24] 杜绍基. 设计思维玩转创业[M]. 北京：机械工业出版社，2016.

[25] 王可越，税琳琳，姜浩. 设计思维创新导引[M]. 北京：清华大学出版社，2017.

[26] [美] 安妮特·西蒙斯. 故事思维[M]. 俞沈彧，译. 北京：后浪出版公司，南昌：江西人民出版社，2017.

[27] 阿里巴巴. Olay的品牌历史[EB/OL]. (2009-11-17)[2021-03-15].https：//baike.1688.com/doc/view-d1866789.html.

[28] Shah Mohammed M. How can Design Thinking Re-invent a Brand？[EB/

OL].(2017-04-04)[2021-03-21].https：//www.linkedin.com/pulse/how-can-design-thinking-re-invent-brand-shah-m-m/.

[29] 慧海分析. 三日谈：斯坦福大学设计学院[EB/OL].(2020-02-06)[2021-02-01].https：//kknews.cc/design/xgkr34o.html.

[30] IBM Institute for Business Value.Realizing the future today： Digital Reinvention in consumer. products[EB/OL].(2020-12-28)[2021-05-17].https：//www.ibm.com/downloads/cas/2OBBNBJJ.

[31] Aili Zhang. 设计思维应用：宝洁、腾讯的全新尝试[EB/OL].(2020-10-28)[2021-06-04].https：//runwise.co/innovation/innovation-thinking/design-thinking/44326.html.

[32] 百度百科.Airbnb[EB/OL].(2020-12-01)[2021-03-15].https：//baike.baidu.com/item/Airbnb/5204658？fr=aladdin.

[33] Firstround.How Design Thinking Transformed Airbnb from a Failing Startup to a Billion Dollar .Business[EB/OL].(2020-12-31)[2021-07-11].https：//firstround.com/review/How-design-thinking-transformed-Airbnb-from-failing-startup-to-billion-dollar-business/.

[34] Netflix，Inc..什么是Netflix[EB/OL].(2021-01-03)[2021-01-25].https：//help.netflix.com/zh-cn/legal/corpinfo.

[35] 阿尔法公社.Reed Hastings：创造Netflix帝国的四大决定[EB/OL].(2018-10-19)[2021-02-25].https：//www.sohu.com/a/270079767_490443.

[36] Gina Jiang.设计思考驱动创新：案例(一)[EB/OL].(2018-02-01)[2021-03-04].https：//medium.com/design-thinking-foundry.

[37] [美] 卡尔·T. 乌利齐. 产品设计与开发：原书第6版[M]. 杨青，杨娜，译. 北京：机械工业出版社，2018.

[38] 微信公众平台. 小程序框架参考文档[EB/OL].(2020-11-30)[2021-04-10].https：//developers.weixin.qq.com/miniprogram/dev/reference/.

[39] 凹凸实验室.Taro UI基础教程[EB/OL].(2019-12-30)[2021-01-31]. https：//taro-docs.jd.com/taro/docs/folder.

[40] Espressif Systems (Shanghai) Co.，Ltd，ESP32-WROOM-32 技术规格书[EB/oL].(2018-10-30)[2020-11-30]. https：//www.espressif.com/sites/default/files/documentation/esp32-wroom-32_datasheet_cn.pdf.

[41] Apple Inc，Enabling HomeKit in Your App[EB/oL].(2020-01-30)[2020-

06-25]. https://developer.apple.com/documentation/homekit/enabling_homekit_in_your_app.

[42] Apple Inc. HomeKit Accessory Protocol Specification (Non-Commercial Version) Release R2[EB/OL]. (2019-07-26)[2021-07-02]. https://developer.apple.com/homekit/specification/.

[43] 产品开发与管理协会. 产品经理认证(NPDP)知识体系指南[M]. 北京：电子工业出版社，2017.